AGENDA

2020

Questa agenda appartiene a:

_____

_____

_____

_____

_____

_____

CALENDARIO

	Gennaio	Febbraio	Marzo	Aprile	Maggio	Giugno
1	Mer	Sab	Dom	Mer	Ven	Lun
2	Gio	Dom	Lun	Gio	Sab	Mar
3	Ven	Lun	Mar	Ven	Dom	Mer
4	Sab	Mar	Mer	Sab	Lun	Gio
5	Dom	Mer	Gio	Dom	Mar	Ven
6	Lun	Gio	Ven	Lun	Mer	Sab
7	Mar	Ven	Sab	Mar	Gio	Dom
8	Mer	Sab	Dom	Mer	Ven	Lun
9	Gio	Dom	Lun	Gio	Sab	Mar
10	Ven	Lun	Mar	Ven	Dom	Mer
11	Sab	Mar	Mer	Sab	Lun	Gio
12	Dom	Mer	Gio	Dom	Mar	Ven
13	Lun	Gio	Ven	Lun	Mer	Sab
14	Mar	Ven	Sab	Mar	Gio	Dom
15	Mer	Sab	Dom	Mer	Ven	Lun
16	Gio	Dom	Lun	Gio	Sab	Mar
17	Ven	Lun	Mar	Ven	Dom	Mer
18	Sab	Mar	Mer	Sab	Lun	Gio
19	Dom	Mer	Gio	Dom	Mar	Ven
20	Lun	Gio	Ven	Lun	Mer	Sab
21	Mar	Ven	Sab	Mar	Gio	Dom
22	Mer	Sab	Dom	Mer	Ven	Lun
23	Gio	Dom	Lun	Gio	Sab	Mar
24	Ven	Lun	Mar	Ven	Dom	Mer
25	Sab	Mar	Mer	Sab	Lun	Gio
26	Dom	Mer	Gio	Dom	Mar	Ven
27	Lun	Gio	Ven	Lun	Mer	Sab
28	Mar	Ven	Sab	Mar	Gio	Dom
29	Mer	Sab	Dom	Mer	Ven	Lun
30	Gio		Lun	Gio	Sab	Mar
31	Ven		Mar		Dom	

2020

Luglio	Agosto	Settembre	Ottobre	Novembre	Dicembre	
Mer	Sab	Mar	Gio	Dom	Mar	1
Gio	Dom	Mer	Ven	Lun	Mer	2
Ven	Lun	Gio	Sab	Mar	Gio	3
Sab	Mar	Ven	Dom	Mer	Ven	4
Dom	Mer	Sab	Lun	Gio	Sab	5
Lun	Gio	Dom	Mar	Ven	Dom	6
Mar	Ven	Lun	Mer	Sab	Lun	7
Mer	Sab	Mar	Gio	Dom	Mar	8
Gio	Dom	Mer	Ven	Lun	Mer	9
Ven	Lun	Gio	Sab	Mar	Gio	10
Sab	Mar	Ven	Dom	Mer	Ven	11
Dom	Mer	Sab	Lun	Gio	Sab	12
Lun	Gio	Dom	Mar	Ven	Dom	13
Mar	Ven	Lun	Mer	Sab	Lun	14
Mer	Sab	Mar	Gio	Dom	Mar	15
Gio	Dom	Mer	Ven	Lun	Mer	16
Ven	Lun	Gio	Sab	Mar	Gio	17
Sab	Mar	Ven	Dom	Mer	Ven	18
Dom	Mer	Sab	Lun	Gio	Sab	19
Lun	Gio	Dom	Mar	Ven	Dom	20
Mar	Ven	Lun	Mer	Sab	Lun	21
Mer	Sab	Mar	Gio	Dom	Mar	22
Gio	Dom	Mer	Ven	Lun	Mer	23
Ven	Lun	Gio	Sab	Mar	Gio	24
Sab	Mar	Ven	Dom	Mer	Ven	25
Dom	Mer	Sab	Lun	Gio	Sab	26
Lun	Gio	Dom	Mar	Ven	Dom	27
Mar	Ven	Lun	Mer	Sab	Lun	28
Mer	Sab	Mar	Gio	Dom	Mar	29
Gio	Dom	Mer	Ven	Lun	Mer	30
Ven	Lun		Sab		Gio	31

CALENDARIO

	Gennaio	Febbraio	Marzo	Aprile	Maggio	Giugno
1	Ven	Lun	Lun	Gio	Sab	Mar
2	Sab	Mar	Mar	Ven	Dom	Mer
3	Dom	Mer	Mer	Sab	Lun	Gio
4	Lun	Gio	Gio	Dom	Mar	Ven
5	Mar	Ven	Ven	Lun	Mer	Sab
6	Mer	Sab	Sab	Mar	Gio	Dom
7	Gio	Dom	Dom	Mer	Ven	Lun
8	Ven	Lun	Lun	Gio	Sab	Mar
9	Sab	Mar	Mar	Ven	Dom	Mer
10	Dom	Mer	Mer	Sab	Lun	Gio
11	Lun	Gio	Gio	Dom	Mar	Ven
12	Mar	Ven	Ven	Lun	Mer	Sab
13	Mer	Sab	Sab	Mar	Gio	Dom
14	Gio	Dom	Dom	Mer	Ven	Lun
15	Ven	Lun	Lun	Gio	Sab	Mar
16	Sab	Mar	Mar	Ven	Dom	Mer
17	Dom	Mer	Mer	Sab	Lun	Gio
18	Lun	Gio	Gio	Dom	Mar	Ven
19	Mar	Ven	Ven	Lun	Mer	Sab
20	Mer	Sab	Sab	Mar	Gio	Dom
21	Gio	Dom	Dom	Mer	Ven	Lun
22	Ven	Lun	Lun	Gio	Sab	Mar
23	Sab	Mar	Mar	Ven	Dom	Mer
24	Dom	Mer	Mer	Sab	Lun	Gio
25	Lun	Gio	Gio	Dom	Mar	Ven
26	Mar	Ven	Ven	Lun	Mer	Sab
27	Mer	Sab	Sab	Mar	Gio	Dom
28	Gio	Dom	Dom	Mer	Ven	Lun
29	Ven		Lun	Gio	Sab	Mar
30	Sab		Mar	Ven	Dom	Mer
31	Dom		Mer		Lun	

2021

Luglio	Agosto	Settembre	Ottobre	Novembre	Dicembre	
Gio	Dom	Mer	Ven	Lun	Mer	1
Ven	Lun	Gio	Sab	Mar	Gio	2
Sab	Mar	Ven	Dom	Mer	Ven	3
Dom	Mer	Sab	Lun	Gio	Sab	4
Lun	Gio	Dom	Mar	Ven	Dom	5
Mar	Ven	Lun	Mer	Sab	Lun	6
Mer	Sab	Mar	Gio	Dom	Mar	7
Gio	Dom	Mer	Ven	Lun	Mer	8
Ven	Lun	Gio	Sab	Mar	Gio	9
Sab	Mar	Ven	Dom	Mer	Ven	10
Dom	Mer	Sab	Lun	Gio	Sab	11
Lun	Gio	Dom	Mar	Ven	Dom	12
Mar	Ven	Lun	Mer	Sab	Lun	13
Mer	Sab	Mar	Gio	Dom	Mar	14
Gio	Dom	Mer	Ven	Lun	Mer	15
Ven	Lun	Gio	Sab	Mar	Gio	16
Sab	Mar	Ven	Dom	Mer	Ven	17
Dom	Mer	Sab	Lun	Gio	Sab	18
Lun	Gio	Dom	Mar	Ven	Dom	19
Mar	Ven	Lun	Mer	Sab	Lun	20
Mer	Sab	Mar	Gio	Dom	Mar	21
Gio	Dom	Mer	Ven	Lun	Mer	22
Ven	Lun	Gio	Sab	Mar	Gio	23
Sab	Mar	Ven	Dom	Mer	Ven	24
Dom	Mer	Sab	Lun	Gio	Sab	25
Lun	Gio	Dom	Mar	Ven	Dom	26
Mar	Ven	Lun	Mer	Sab	Lun	27
Mer	Sab	Mar	Gio	Dom	Mar	28
Gio	Dom	Mer	Ven	Lun	Mer	29
Ven	Lun	Gio	Sab	Mar	Gio	30
Sab	Mar		Dom		Ven	31

1

MERCOLEDÌ

7

8

9

10

11

12

13

14

15

16

17

18

19

20

21

Gennaio

L	M	M	G	V	S	D
			1	2	3	4	5
6	7	8	9	10	11	12
13	14	15	16	17	18	19
20	21	22	23	24	25	26
27	28	29	30	31		

1
MERCOLEDÌ

Note

Cose da fare

2
GIOVEDÌ

7

8

9

10

11

12

13

14

15

16

17

18

19

20

21

Gennaio

L	M	M	G	V	S	D
		1	2	3	4	5
6	7	8	9	10	11	12
13	14	15	16	17	18	19
20	21	22	23	24	25	26
27	28	29	30	31		

2
GIOVEDÌ

Note

Cose da fare

3

VENERDÌ

7

8

9

10

11

12

13

14

15

16

17

18

19

20

21

		Gennaio				
L	M	M	G	V	S	D
			1	2	3	4	5
6	7	8	9	10	11	12
13	14	15	16	17	18	19
20	21	22	23	24	25	26
27	28	29	30	31		

3
VENERDÌ

Note

Cose da fare

4
SABATO

7

8

9

10

11

12

13

14

15

16

17

18

19

20

21

		Gennaio				
L	M	M	G	V	S	D
			1	2	3	4	5
6	7	8	9	10	11	12
13	14	15	16	17	18	19
20	21	22	23	24	25	26
27	28	29	30	31		

4
SABATO

GENNAIO
Set. 1

Note

Cose da fare

5
DOMENICA

7

8

9

10

11

12

13

14

15

16

17

18

19

20

21

Gennaio

L	M	M	G	V	S	D
		1	2	3	4	5
6	7	8	9	10	11	12
13	14	15	16	17	18	19
20	21	22	23	24	25	26
27	28	29	30	31		

5
DOMENICA

Note

Cose da fare

6
LUNEDÌ

7

8

9

10

11

12

13

14

15

16

17

18

19

20

21

Gennaio						
L	M	M	G	V	S	D
		1	2	3	4	5
6	7	8	9	10	11	12
13	14	15	16	17	18	19
20	21	22	23	24	25	26
27	28	29	30	31		

6
LUNEDÌ

Note

Cose da fare

7
MARTEDÌ

7

8

9

10

11

12

13

14

15

16

17

18

19

20

21

Gennaio

L	M	M	G	V	S	D
		1	2	3	4	5
6	7	8	9	10	11	12
13	14	15	16	17	18	19
20	21	22	23	24	25	26
27	28	29	30	31		

7
MARTEDÌ

Note

Cose da fare

8
MERCOLEDÌ

7

8

9

10

11

12

13

14

15

16

17

18

19

20

21

Gennaio						
L	M	M	G	V	S	D
		1	2	3	4	5
6	7	8	9	10	11	12
13	14	15	16	17	18	19
20	21	22	23	24	25	26
27	28	29	30	31		

8
MERCOLEDÌ

Note

Cose da fare

9

GIOVEDÌ

7

8

9

10

11

12

13

14

15

16

17

18

19

20

21

	Gennaio					
L	M	M	G	V	S	D
		1	2	3	4	5
6	7	8	9	10	11	12
13	14	15	16	17	18	19
20	21	22	23	24	25	26
27	28	29	30	31		

9
GIOVEDÌ

GENNAIO
Set. 2

Note

Cose da fare

10

VENERDÌ

7

8

9

10

11

12

13

14

15

16

17

18

19

20

21

		Gennaio				
L	M	M	G	V	S	D
		1	2	3	4	5
6	7	8	9	10	11	12
13	14	15	16	17	18	19
20	21	22	23	24	25	26
27	28	29	30	31		

10
VENERDÌ

Note

Cose da fare

11
SABATO

7

8

9

10

11

12

13

14

15

16

17

18

19

20

21

Gennaio

L	M	M	G	V	S	D
			1	2	3	4	5
6	7	8	9	10	11	12
13	14	15	16	17	18	19
20	21	22	23	24	25	26
27	28	29	30	31		

11
SABATO

Note

Cose da fare

12
DOMENICA

7

8

9

10

11

12

13

14

15

16

17

18

19

20

21

Gennaio

L	M	M	G	V	S	D
		1	2	3	4	5
6	7	8	9	10	11	12
13	14	15	16	17	18	19
20	21	22	23	24	25	26
27	28	29	30	31		

12
DOMENICA

Note

Cose da fare

13
LUNEDÌ

7

8

9

10

11

12

13

14

15

16

17

18

19

20

21

Gennaio						
L	M	M	G	V	S	D
			1	2	3	4	5
6	7	8	9	10	11	12
13	14	15	16	17	18	19
20	21	22	23	24	25	26
27	28	29	30	31		

13
LUNEDÌ

Note

Cose da fare

14
MARTEDÌ

7

8

9

10

11

12

13

14

15

16

17

18

19

20

21

			Gennaio			
L	M	M	G	V	S	D
			1	2	3	4	5
6	7	8	9	10	11	12
13	14	15	16	17	18	19
20	21	22	23	24	25	26
27	28	29	30	31		

14
MARTEDÌ

Note

Cose da fare

15
MERCOLEDÌ

7

8

9

10

11

12

13

14

15

16

17

18

19

20

21

Gennaio

L	M	M	G	V	S	D
			1	2	3	4	5
6	7	8	9	10	11	12
13	14	15	16	17	18	19
20	21	22	23	24	25	26
27	28	29	30	31		

15
MERCOLEDÌ

Note

Cose da fare

16
GIOVEDÌ

7

8

9

10

11

12

13

14

15

16

17

18

19

20

21

			Gennaio			
L	M	M	G	V	S	D
			1	2	3	4	5
6	7	8	9	10	11	12
13	14	15	16	17	18	19
20	21	22	23	24	25	26
27	28	29	30	31		

16
GIOVEDÌ

Note

Cose da fare

17
VENERDÌ

7

8

9

10

11

12

13

14

15

16

17

18

19

20

21

		Gennaio				
L	M	M	G	V	S	D
			1	2	3	4	5
6	7	8	9	10	11	12
13	14	15	16	17	18	19
20	21	22	23	24	25	26
27	28	29	30	31		

17
VENERDÌ

Note

Cose da fare

18
SABATO

7

8

9

10

11

12

13

14

15

16

17

18

19

20

21

Gennaio

L	M	M	G	V	S	D
			1	2	3	4	5
6	7	8	9	10	11	12
13	14	15	16	17	18	19
20	21	22	23	24	25	26
27	28	29	30	31		

18
SABATO

Note

Cose da fare

19
DOMENICA

7

8

9

10

11

12

13

14

15

16

17

18

19

20

21

		Gennaio				
L	M	M	G	V	S	D
			1	2	3	4	5
6	7	8	9	10	11	12
13	14	15	16	17	18	19
20	21	22	23	24	25	26
27	28	29	30	31		

19
DOMENICA

Note

Cose da fare

20
LUNEDÌ

7

8

9

10

11

12

13

14

15

16

17

18

19

20

21

L	M	M	Gennaio G	V	S	D
			1	2	3	4	5
6	7	8	9	10	11	12
13	14	15	16	17	18	19
20	21	22	23	24	25	26
27	28	29	30	31		

20
LUNEDÌ

Note

Cose da fare

21
MARTEDÌ

7

8

9

10

11

12

13

14

15

16

17

18

19

20

21

Gennaio

L	M	M	G	V	S	D
			1	2	3	4	5
6	7	8	9	10	11	12
13	14	15	16	17	18	19
20	21	22	23	24	25	26
27	28	29	30	31		

21
MARTEDÌ

Note

Cose da fare

22
MERCOLEDÌ

7

8

9

10

11

12

13

14

15

16

17

18

19

20

21

Gennaio

L	M	M	G	V	S	D
		1	2	3	4	5
6	7	8	9	10	11	12
13	14	15	16	17	18	19
20	21	22	23	24	25	26
27	28	29	30	31		

22
MERCOLEDÌ

Note

Cose da fare

23
GIOVEDÌ

7

8

9

10

11

12

13

14

15

16

17

18

19

20

21

		Gennaio				
L	M	M	G	V	S	D
			1	2	3	4	5
6	7	8	9	10	11	12
13	14	15	16	17	18	19
20	21	22	23	24	25	26
27	28	29	30	31		

23
GIOVEDÌ

Note

Cose da fare

24

VENERDÌ

7

8

9

10

11

12

13

14

15

16

17

18

19

20

21

Gennaio						
L	M	M	G	V	S	D
			1	2	3	4	5
6	7	8	9	10	11	12
13	14	15	16	17	18	19
20	21	22	23	24	25	26
27	28	29	30	31		

24
VENERDÌ

Note

Cose da fare

25
SABATO

7

8

9

10

11

12

13

14

15

16

17

18

19

20

21

Gennaio

L	M	M	G	V	S	D
			1	2	3	4	5
6	7	8	9	10	11	12
13	14	15	16	17	18	19
20	21	22	23	24	25	26
27	28	29	30	31		

25
SABATO

Note

Cose da fare

26
DOMENICA

7

8

9

10

11

12

13

14

15

16

17

18

19

20

21

			Gennaio			
L	M	M	G	V	S	D
			1	2	3	4	5
6	7	8	9	10	11	12
13	14	15	16	17	18	19
20	21	22	23	24	25	26
27	28	29	30	31		

26
DOMENICA

Note

Cose da fare

27
LUNEDÌ

7

8

9

10

11

12

13

14

15

16

17

18

19

20

21

		Gennaio				
L	M	M	G	V	S	D
			1	2	3	4	5
6	7	8	9	10	11	12
13	14	15	16	17	18	19
20	21	22	23	24	25	26
27	28	29	30	31		

27
LUNEDÌ

Note

Cose da fare

28
MARTEDÌ

7

8

9

10

11

12

13

14

15

16

17

18

19

20

21

Gennaio

L	M	M	G	V	S	D
		1	2	3	4	5
6	7	8	9	10	11	12
13	14	15	16	17	18	19
20	21	22	23	24	25	26
27	28	29	30	31		

28
MARTEDÌ

Note

Cose da fare

29
MERCOLEDÌ

7

8

9

10

11

12

13

14

15

16

17

18

19

20

21

Gennaio

L	M	M	G	V	S	D
			1	2	3	4	5
6	7	8	9	10	11	12
13	14	15	16	17	18	19
20	21	22	23	24	25	26
27	28	29	30	31		

29
MERCOLEDÌ

Note

Cose da fare

30
GIOVEDÌ

7

8

9

10

11

12

13

14

15

16

17

18

19

20

21

Gennaio

L	M	M	G	V	S	D
			1	2	3	4	5
6	7	8	9	10	11	12
13	14	15	16	17	18	19
20	21	22	23	24	25	26
27	28	29	30	31		

30
GIOVEDÌ

Note

Cose da fare

31
VENERDÌ

7

8

9

10

11

12

13

14

15

16

17

18

19

20

21

Gennaio

L	M	M	G	V	S	D
		1	2	3	4	5
6	7	8	9	10	11	12
13	14	15	16	17	18	19
20	21	22	23	24	25	26
27	28	29	30	31		

31
VENERDÌ

Note

Cose da fare

1

SABATO

7

8

9

10

11

12

13

14

15

16

17

18

19

20

21

	Febbraio					
L	M	M	G	V	S	D
					1	2
3	4	5	6	7	8	9
10	11	12	13	14	15	16
17	18	19	20	21	22	23
24	25	26	27	28	29	

FEBBRAIO
Set. 5

1
SABATO

Note

Cose da fare

2
DOMENICA

7

8

9

10

11

12

13

14

15

16

17

18

19

20

21

Febbraio

L	M	M	G	V	S	D
					1	2
3	4	5	6	7	8	9
10	11	12	13	14	15	16
17	18	19	20	21	22	23
24	25	26	27	28	29	

2
DOMENICA

Note

Cose da fare

3
LUNEDÌ

7

8

9

10

11

12

13

14

15

16

17

18

19

20

21

Febbraio

L	M	M	G	V	S	D
					1	2
3	4	5	6	7	8	9
10	11	12	13	14	15	16
17	18	19	20	21	22	23
24	25	26	27	28	29	

3
LUNEDÌ

Note

Cose da fare

4
MARTEDÌ

7

8

9

10

11

12

13

14

15

16

17

18

19

20

21

Febbraio

L	M	M	G	V	S	D
					1	2
3	4	5	6	7	8	9
10	11	12	13	14	15	16
17	18	19	20	21	22	23
24	25	26	27	28	29	

4
MARTEDÌ

Note

Cose da fare

5

MERCOLEDÌ

7

8

9

10

11

12

13

14

15

16

17

18

19

20

21

			Febbraio			
L	M	M	G	V	S	D
					1	2
3	4	5	6	7	8	9
10	11	12	13	14	15	16
17	18	19	20	21	22	23
24	25	26	27	28	29	

5
MERCOLEDÌ

Note

Cose da fare

6
GIOVEDÌ

7

8

9

10

11

12

13

14

15

16

17

18

19

20

21

Febbraio

L	M	M	G	V	S	D
					1	2
3	4	5	6	7	8	9
10	11	12	13	14	15	16
17	18	19	20	21	22	23
24	25	26	27	28	29	

6
GIOVEDÌ

Note

Cose da fare

7

VENERDÌ

7

8

9

10

11

12

13

14

15

16

17

18

19

20

21

Febbraio

L	M	M	G	V	S	D
					1	2
3	4	5	6	7	8	9
10	11	12	13	14	15	16
17	18	19	20	21	22	23
24	25	26	27	28	29	

7
VENERDÌ

FEBBRAIO
Set. 6

Note

Cose da fare

8
SABATO

7

8

9

10

11

12

13

14

15

16

17

18

19

20

21

Febbraio						
L	M	M	G	V	S	D
					1	2
3	4	5	6	7	8	9
10	11	12	13	14	15	16
17	18	19	20	21	22	23
24	25	26	27	28	29	

8
SABATO

Note

Cose da fare

9
DOMENICA

7

8

9

10

11

12

13

14

15

16

17

18

19

20

21

Febbraio

L	M	M	G	V	S	D
					1	2
3	4	5	6	7	8	9
10	11	12	13	14	15	16
17	18	19	20	21	22	23
24	25	26	27	28	29	

9
DOMENICA

FEBBRAIO
Set. 6

Note

Cose da fare

10
LUNEDÌ

7

8

9

10

11

12

13

14

15

16

17

18

19

20

21

Febbraio

L	M	M	G	V	S	D
					1	2
3	4	5	6	7	8	9
10	11	12	13	14	15	16
17	18	19	20	21	22	23
24	25	26	27	28	29	

10
LUNEDÌ

Note

Cose da fare

11
MARTEDÌ

7

8

9

10

11

12

13

14

15

16

17

18

19

20

21

Febbraio

L	M	M	G	V	S	D
					1	2
3	4	5	6	7	8	9
10	11	12	13	14	15	16
17	18	19	20	21	22	23
24	25	26	27	28	29	

11
MARTEDÌ

FEBBRAIO
Set. 7

Note

Cose da fare

12
MERCOLEDÌ

7

8

9

10

11

12

13

14

15

16

17

18

19

20

21

Febbraio

L	M	M	G	V	S	D
					1	2
3	4	5	6	7	8	9
10	11	12	13	14	15	16
17	18	19	20	21	22	23
24	25	26	27	28	29	

12
MERCOLEDÌ

FEBBRAIO
Set. 7

Note

Cose da fare

13
GIOVEDÌ

7

8

9

10

11

12

13

14

15

16

17

18

19

20

21

Febbraio

L	M	M	G	V	S	D
					1	2
3	4	5	6	7	8	9
10	11	12	13	14	15	16
17	18	19	20	21	22	23
24	25	26	27	28	29	

13
GIOVEDÌ

Note

Cose da fare

14

VENERDÌ

7

8

9

10

11

12

13

14

15

16

17

18

19

20

21

Febbraio

L	M	M	G	V	S	D
					1	2
3	4	5	6	7	8	9
10	11	12	13	14	15	16
17	18	19	20	21	22	23
24	25	26	27	28	29	

14
VENERDÌ

Note

Cose da fare

15
SABATO

7

8

9

10

11

12

13

14

15

16

17

18

19

20

21

	Febbraio					
L	M	M	G	V	S	D
					1	2
3	4	5	6	7	8	9
10	11	12	13	14	15	16
17	18	19	20	21	22	23
24	25	26	27	28	29	

15
SABATO

Note

Cose da fare

16
DOMENICA

7

8

9

10

11

12

13

14

15

16

17

18

19

20

21

Febbraio

L	M	M	G	V	S	D
					1	2
3	4	5	6	7	8	9
10	11	12	13	14	15	16
17	18	19	20	21	22	23
24	25	26	27	28	29	

16
DOMENICA

Note

Cose da fare

17
LUNEDÌ

7

8

9

10

11

12

13

14

15

16

17

18

19

20

21

Febbraio

L	M	M	G	V	S	D
					1	2
3	4	5	6	7	8	9
10	11	12	13	14	15	16
17	18	19	20	21	22	23
24	25	26	27	28	29	

17
LUNEDÌ

Note

Cose da fare

18

MARTEDÌ

7

8

9

10

11

12

13

14

15

16

17

18

19

20

21

Febbraio

L	M	M	G	V	S	D
					1	2
3	4	5	6	7	8	9
10	11	12	13	14	15	16
17	18	19	20	21	22	23
24	25	26	27	28	29	

18
MARTEDÌ

Note

Cose da fare

19

MERCOLEDÌ

7

8

9

10

11

12

13

14

15

16

17

18

19

20

21

Febbraio

L	M	M	G	V	S	D
					1	2
3	4	5	6	7	8	9
10	11	12	13	14	15	16
17	18	19	20	21	22	23
24	25	26	27	28	29	

19
MERCOLEDÌ

Note

Cose da fare

20
GIOVEDÌ

7

8

9

10

11

12

13

14

15

16

17

18

19

20

21

		Febbraio				
L	M	M	G	V	S	D
					1	2
3	4	5	6	7	8	9
10	11	12	13	14	15	16
17	18	19	20	21	22	23
24	25	26	27	28	29	

20
GIOVEDÌ

Note

Cose da fare

21
VENERDÌ

7

8

9

10

11

12

13

14

15

16

17

18

19

20

21

Febbraio

L	M	M	G	V	S	D
					1	2
3	4	5	6	7	8	9
10	11	12	13	14	15	16
17	18	19	20	21	22	23
24	25	26	27	28	29	

21
VENERDÌ

Note

Cose da fare

22
SABATO

7

8

9

10

11

12

13

14

15

16

17

18

19

20

21

Febbraio

L	M	M	G	V	S	D
					1	2
3	4	5	6	7	8	9
10	11	12	13	14	15	16
17	18	19	20	21	22	23
24	25	26	27	28	29	

22
SABATO

Note

Cose da fare

23
DOMENICA

7

8

9

10

11

12

13

14

15

16

17

18

19

20

21

Febbraio						
L	M	M	G	V	S	D
					1	2
3	4	5	6	7	8	9
10	11	12	13	14	15	16
17	18	19	20	21	22	23
24	25	26	27	28	29	

23
DOMENICA

Note

Cose da fare

24
LUNEDÌ

7

8

9

10

11

12

13

14

15

16

17

18

19

20

21

Febbraio

L	M	M	G	V	S	D
					1	2
3	4	5	6	7	8	9
10	11	12	13	14	15	16
17	18	19	20	21	22	23
24	25	26	27	28	29	

24
LUNEDÌ

Note

Cose da fare

25
MARTEDÌ

7

8

9

10

11

12

13

14

15

16

17

18

19

20

21

Febbraio

L	M	M	G	V	S	D
					1	2
3	4	5	6	7	8	9
10	11	12	13	14	15	16
17	18	19	20	21	22	23
24	25	26	27	28	29	

25
MARTEDÌ

Note

Cose da fare

26
MERCOLEDÌ

7

8

9

10

11

12

13

14

15

16

17

18

19

20

21

Febbraio

L	M	M	G	V	S	D
					1	2
3	4	5	6	7	8	9
10	11	12	13	14	15	16
17	18	19	20	21	22	23
24	25	26	27	28	29	

26
MERCOLEDÌ

Note

Cose da fare

27
GIOVEDÌ

7

8

9

10

11

12

13

14

15

16

17

18

19

20

21

		Febbraio				
L	M	M	G	V	S	D
					1	2
3	4	5	6	7	8	9
10	11	12	13	14	15	16
17	18	19	20	21	22	23
24	25	26	27	28	29	

27
GIOVEDÌ

Note

Cose da fare

28
VENERDÌ

7

8

9

10

11

12

13

14

15

16

17

18

19

20

21

Febbraio

L	M	M	G	V	S	D
					1	2
3	4	5	6	7	8	9
10	11	12	13	14	15	16
17	18	19	20	21	22	23
24	25	26	27	28	29	

28
VENERDÌ

Note

Cose da fare

29
SABATO

7

8

9

10

11

12

13

14

15

16

17

18

19

20

21

Febbraio						
L	M	M	G	V	S	D
					1	2
3	4	5	6	7	8	9
10	11	12	13	14	15	16
17	18	19	20	21	22	23
24	25	26	27	28	29	

29
SABATO

Note

Cose da fare

1

DOMENICA

7

8

9

10

11

12

13

14

15

16

17

18

19

20

21

Marzo						
L	M	M	G	V	S	D
						1
2	3	4	5	6	7	8
9	10	11	12	13	14	15
16	17	18	19	20	21	22
23	24	25	26	27	28	29
30	31					

1
DOMENICA

Note

Cose da fare

2
LUNEDÌ

7

8

9

10

11

12

13

14

15

16

17

18

19

20

21

			Marzo			
L	M	M	G	V	S	D
						1
2	3	4	5	6	7	8
9	10	11	12	13	14	15
16	17	18	19	20	21	22
23	24	25	26	27	28	29
30	31					

2
LUNEDÌ

Note

Cose da fare

3
MARTEDÌ

7

8

9

10

11

12

13

14

15

16

17

18

19

20

21

Marzo

L	M	M	G	V	S	D
						1
2	3	4	5	6	7	8
9	10	11	12	13	14	15
16	17	18	19	20	21	22
23	24	25	26	27	28	29
30	31					

3
MARTEDÌ

Note

Cose da fare

MARTEDÌ

4

MERCOLEDÌ

7

8

9

10

11

12

13

14

15

16

17

18

19

20

21

		Marzo				
L	M	M	G	V	S	D
						1
2	3	4	5	6	7	8
9	10	11	12	13	14	15
16	17	18	19	20	21	22
23	24	25	26	27	28	29
30	31					

4
MERCOLEDÌ

Note

Cose da fare

5

GIOVEDÌ

7

8

9

10

11

12

13

14

15

16

17

18

19

20

21

			Marzo			
L	M	M	G	V	S	D
						1
2	3	4	5	6	7	8
9	10	11	12	13	14	15
16	17	18	19	20	21	22
23	24	25	26	27	28	29
30	31					

5
GIOVEDÌ

Note

Cose da fare

6
VENERDÌ

7

8

9

10

11

12

13

14

15

16

17

18

19

20

21

		Marzo				
L	M	M	G	V	S	D
						1
2	3	4	5	6	7	8
9	10	11	12	13	14	15
16	17	18	19	20	21	22
23	24	25	26	27	28	29
30	31					

6
VENERDÌ

Note

Cose da fare

7

SABATO

7

8

9

10

11

12

13

14

15

16

17

18

19

20

21

		Marzo				
L	M	M	G	V	S	D
						1
2	3	4	5	6	7	8
9	10	11	12	13	14	15
16	17	18	19	20	21	22
23	24	25	26	27	28	29
30	31					

7
SABATO

Note

Cose da fare

8
DOMENICA

7

8

9

10

11

12

13

14

15

16

17

18

19

20

21

Marzo

L	M	M	G	V	S	D
						1
2	3	4	5	6	7	8
9	10	11	12	13	14	15
16	17	18	19	20	21	22
23	24	25	26	27	28	29
30	31					

8
DOMENICA

Note

Cose da fare

9

LUNEDÌ

7

8

9

10

11

12

13

14

15

16

17

18

19

20

21

			Marzo			
L	M	M	G	V	S	D
						1
2	3	4	5	6	7	8
9	10	11	12	13	14	15
16	17	18	19	20	21	22
23	24	25	26	27	28	29
30	31					

9
LUNEDÌ

Note

Cose da fare

10
MARTEDÌ

7

8

9

10

11

12

13

14

15

16

17

18

19

20

21

		Marzo				
L	M	M	G	V	S	D
						1
2	3	4	5	6	7	8
9	10	11	12	13	14	15
16	17	18	19	20	21	22
23	24	25	26	27	28	29
30	31					

10
MARTEDÌ

Note

Cose da fare

11

MERCOLEDÌ

7

8

9

10

11

12

13

14

15

16

17

18

19

20

21

L	M	M	Marzo G	V	S	D
						1
2	3	4	5	6	7	8
9	10	11	12	13	14	15
16	17	18	19	20	21	22
23	24	25	26	27	28	29
30	31					

11
MERCOLEDÌ

Note

Cose da fare

12
GIOVEDÌ

7

8

9

10

11

12

13

14

15

16

17

18

19

20

21

Marzo						
L	M	M	G	V	S	D
						1
2	3	4	5	6	7	8
9	10	11	12	13	14	15
16	17	18	19	20	21	22
23	24	25	26	27	28	29
30	31					

12
GIOVEDÌ

Note

Cose da fare

13
VENERDÌ

7

8

9

10

11

12

13

14

15

16

17

18

19

20

21

Marzo

L	M	M	G	V	S	D
						1
2	3	4	5	6	7	8
9	10	11	12	13	14	15
16	17	18	19	20	21	22
23	24	25	26	27	28	29
30	31					

13
VENERDÌ

Note

Cose da fare

14
SABATO

7

8

9

10

11

12

13

14

15

16

17

18

19

20

21

Marzo

L	M	M	G	V	S	D
						1
2	3	4	5	6	7	8
9	10	11	12	13	14	15
16	17	18	19	20	21	22
23	24	25	26	27	28	29
30	31					

14
SABATO

Note

Cose da fare

15
DOMENICA

7

8

9

10

11

12

13

14

15

16

17

18

19

20

21

L	M	M	Marzo G	V	S	D
						1
2	3	4	5	6	7	8
9	10	11	12	13	14	15
16	17	18	19	20	21	22
23	24	25	26	27	28	29
30	31					

15
DOMENICA

Note

Cose da fare

16
LUNEDÌ

7

8

9

10

11

12

13

14

15

16

17

18

19

20

21

		Marzo				
L	M	M	G	V	S	D
						1
2	3	4	5	6	7	8
9	10	11	12	13	14	15
16	17	18	19	20	21	22
23	24	25	26	27	28	29
30	31					

16
LUNEDÌ

Note

Cose da fare

17
MARTEDÌ

7

8

9

10

11

12

13

14

15

16

17

18

19

20

21

			Marzo			
L	M	M	G	V	S	D
						1
2	3	4	5	6	7	8
9	10	11	12	13	14	15
16	17	18	19	20	21	22
23	24	25	26	27	28	29
30	31					

17
MARTEDÌ

Note

Cose da fare

18
MERCOLEDÌ

7

8

9

10

11

12

13

14

15

16

17

18

19

20

21

Marzo

L	M	M	G	V	S	D
						1
2	3	4	5	6	7	8
9	10	11	12	13	14	15
16	17	18	19	20	21	22
23	24	25	26	27	28	29
30	31					

18
MERCOLEDÌ

Note

Cose da fare

19
GIOVEDÌ

7

8

9

10

11

12

13

14

15

16

17

18

19

20

21

		Marzo				
L	M	M	G	V	S	D
						1
2	3	4	5	6	7	8
9	10	11	12	13	14	15
16	17	18	19	20	21	22
23	24	25	26	27	28	29
30	31					

19
GIOVEDÌ

Note

Cose da fare

20
VENERDÌ

7

8

9

10

11

12

13

14

15

16

17

18

19

20

21

Marzo

L	M	M	G	V	S	D
						1
2	3	4	5	6	7	8
9	10	11	12	13	14	15
16	17	18	19	20	21	22
23	24	25	26	27	28	29
30	31					

21
SABATO

Note

Cose da fare

22
DOMENICA

7

8

9

10

11

12

13

14

15

16

17

18

19

20

21

L	M	M	Marzo G	V	S	D
						1
2	3	4	5	6	7	8
9	10	11	12	13	14	15
16	17	18	19	20	21	22
23	24	25	26	27	28	29
30	31					

22
DOMENICA

Note

Cose da fare

23
LUNEDÌ

7

8

9

10

11

12

13

14

15

16

17

18

19

20

21

L	M	M	Marzo G	V	S	D
						1
2	3	4	5	6	7	8
9	10	11	12	13	14	15
16	17	18	19	20	21	22
23	24	25	26	27	28	29
30	31					

23
LUNEDÌ

Note

Cose da fare

24
MARTEDÌ

7

8

9

10

11

12

13

14

15

16

17

18

19

20

21

		Marzo				
L	M	M G	V	S	D	
						1
2	3	4 5	6	7	8	
9	10	11 12	13	14	15	
16	17	18 19	20	21	22	
23	24	25 26	27	28	29	
30	31					

24
MARTEDÌ

Note

Cose da fare

25

MERCOLEDÌ

7

8

9

10

11

12

13

14

15

16

17

18

19

20

21

L	M	M	Marzo G	V	S	D
						1
2	3	4	5	6	7	8
9	10	11	12	13	14	15
16	17	18	19	20	21	22
23	24	25	26	27	28	29
30	31					

25
MERCOLEDÌ

Note

Cose da fare

26
GIOVEDÌ

7

8

9

10

11

12

13

14

15

16

17

18

19

20

21

	Marzo					
L	M	M	G	V	S	D
						1
2	3	4	5	6	7	8
9	10	11	12	13	14	15
16	17	18	19	20	21	22
23	24	25	26	27	28	29
30	31					

26
GIOVEDÌ

Note

Cose da fare

27
VENERDÌ

7

8

9

10

11

12

13

14

15

16

17

18

19

20

21

Marzo

L	M	M	G	V	S	D
						1
2	3	4	5	6	7	8
9	10	11	12	13	14	15
16	17	18	19	20	21	22
23	24	25	26	27	28	29
30	31					

27
VENERDÌ

Note

Cose da fare

28
SABATO

7

8

9

10

11

12

13

14

15

16

17

18

19

20

21

			Marzo			
L	M	M	G	V	S	D
						1
2	3	4	5	6	7	8
9	10	11	12	13	14	15
16	17	18	19	20	21	22
23	24	25	26	27	28	29
30	31					

28
SABATO

Note

Cose da fare

29
DOMENICA

7

8

9

10

11

12

13

14

15

16

17

18

19

20

21

L	M	M	Marzo G	V	S	D
						1
2	3	4	5	6	7	8
9	10	11	12	13	14	15
16	17	18	19	20	21	22
23	24	25	26	27	28	29
30	31					

29
DOMENICA

Note

Cose da fare

30
LUNEDÌ

7

8

9

10

11

12

13

14

15

16

17

18

19

20

21

			Marzo			
L	M	M	G	V	S	D
						1
2	3	4	5	6	7	8
9	10	11	12	13	14	15
16	17	18	19	20	21	22
23	24	25	26	27	28	29
30	31					

30
LUNEDÌ

Note

Cose da fare

31
MARTEDÌ

7

8

9

10

11

12

13

14

15

16

17

18

19

20

21

Marzo

L	M	M	G	V	S	D
						1
2	3	4	5	6	7	8
9	10	11	12	13	14	15
16	17	18	19	20	21	22
23	24	25	26	27	28	29
30	31					

31
MARTEDÌ

Note

Cose da fare

1

MERCOLEDÌ

7

8

9

10

11

12

13

14

15

16

17

18

19

20

21

L	M	M	Aprile G	V	S	D
			1	2	3	4	5
6	7	8	9	10	11	12
13	14	15	16	17	18	19
20	21	22	23	24	25	26
27	28	29	30			

1
MERCOLEDÌ

Note

Cose da fare

2
GIOVEDÌ

7

8

9

10

11

12

13

14

15

16

17

18

19

20

21

L	M	M	Aprile G	V	S	D
			1	2	3	4	5
6	7	8	9	10	11	12
13	14	15	16	17	18	19
20	21	22	23	24	25	26
27	28	29	30			

2
GIOVEDÌ

Note

Cose da fare

3
VENERDÌ

7

8

9

10

11

12

13

14

15

16

17

18

19

20

21

Aprile

L	M	M	G	V	S	D
			1	2	3	4	5
6	7	8	9	10	11	12
13	14	15	16	17	18	19
20	21	22	23	24	25	26
27	28	29	30			

3
VENERDÌ

Note

Cose da fare

4
SABATO

7

8

9

10

11

12

13

14

15

16

17

18

19

20

21

Aprile

L	M	M	G	V	S	D
		1	2	3	4	5
6	7	8	9	10	11	12
13	14	15	16	17	18	19
20	21	22	23	24	25	26
27	28	29	30			

4
SABATO

Note

Cose da fare

5
DOMENICA

7

8

9

10

11

12

13

14

15

16

17

18

19

20

21

Aprile

L	M	M	G	V	S	D
			1	2	3	4	5
6	7	8	9	10	11	12
13	14	15	16	17	18	19
20	21	22	23	24	25	26
27	28	29	30			

5
DOMENICA

Note

Cose da fare

6
LUNEDÌ

7

8

9

10

11

12

13

14

15

16

17

18

19

20

21

L	M	M	G	V	S	D
			Aprile			
			1	2	3	4	5
6	7	8	9	10	11	12
13	14	15	16	17	18	19
20	21	22	23	24	25	26
27	28	29	30			

6
LUNEDÌ

Note

Cose da fare

7

MARTEDÌ

7

8

9

10

11

12

13

14

15

16

17

18

19

20

21

			Aprile			
L	M	M	G	V	S	D
			1	2	3	4	5
6	7	8	9	10	11	12
13	14	15	16	17	18	19
20	21	22	23	24	25	26
27	28	29	30			

7
MARTEDÌ

Note

Cose da fare

8
MERCOLEDÌ

7

8

9

10

11

12

13

14

15

16

17

18

19

20

21

L	M	M	G	V	S	D
			1	2	3	4	5
6	7	8	9	10	11	12
13	14	15	16	17	18	19
20	21	22	23	24	25	26
27	28	29	30			

Aprile

APRILE
Set. 15

8
MERCOLEDÌ

Note

Cose da fare

9
GIOVEDÌ

7

8

9

10

11

12

13

14

15

16

17

18

19

20

21

Aprile

L	M	M	G	V	S	D
			1	2	3	4	5
6	7	8	9	10	11	12
13	14	15	16	17	18	19
20	21	22	23	24	25	26
27	28	29	30			

9
GIOVEDÌ

Note

Cose da fare

10
VENERDÌ

7

8

9

10

11

12

13

14

15

16

17

18

19

20

21

			Aprile			
L	M	M	G	V	S	D
		1	2	3	4	5
6	7	8	9	10	11	12
13	14	15	16	17	18	19
20	21	22	23	24	25	26
27	28	29	30			

10
VENERDÌ

Note

Cose da fare

11

SABATO

7

8

9

10

11

12

13

14

15

16

17

18

19

20

21

L	M	M	G	V	S	D
			Aprile			
			1	2	3	4	5
6	7	8	9	10	11	12
13	14	15	16	17	18	19
20	21	22	23	24	25	26
27	28	29	30			

11
SABATO

Note

Cose da fare

12
DOMENICA

7

8

9

10

11

12

13

14

15

16

17

18

19

20

21

			Aprile			
L	M	M	G	V	S	D
		1	2	3	4	5
6	7	8	9	10	11	12
13	14	15	16	17	18	19
20	21	22	23	24	25	26
27	28	29	30			

12
DOMENICA

Note

Cose da fare

13
LUNEDÌ

7

8

9

10

11

12

13

14

15

16

17

18

19

20

21

Aprile

L	M	M	G	V	S	D
			1	2	3	4	5
6	7	8	9	10	11	12
13	14	15	16	17	18	19
20	21	22	23	24	25	26
27	28	29	30			

APRILE
Set. 16

13
LUNEDÌ

Note

Cose da fare

14
MARTEDÌ

7

8

9

10

11

12

13

14

15

16

17

18

19

20

21

L	M	M	Aprile G	V	S	D
		1	2	3	4	5
6	7	8	9	10	11	12
13	14	15	16	17	18	19
20	21	22	23	24	25	26
27	28	29	30			

14
MARTEDÌ

Note

Cose da fare

15
MERCOLEDÌ

7

8

9

10

11

12

13

14

15

16

17

18

19

20

21

L	M	M	Aprile G	V	S	D
			1	2	3	4	5
6	7	8	9	10	11	12
13	14	15	16	17	18	19
20	21	22	23	24	25	26
27	28	29	30			

15
MERCOLEDÌ

Note

Cose da fare

16
GIOVEDÌ

7

8

9

10

11

12

13

14

15

16

17

18

19

20

21

Aprile

L	M	M	G	V	S	D
		1	2	3	4	5
6	7	8	9	10	11	12
13	14	15	16	17	18	19
20	21	22	23	24	25	26
27	28	29	30			

16
GIOVEDÌ

Note

Cose da fare

17
VENERDÌ

7

8

9

10

11

12

13

14

15

16

17

18

19

20

21

Aprile

L	M	M	G	V	S	D
			1	2	3	4	5
6	7	8	9	10	11	12
13	14	15	16	17	18	19
20	21	22	23	24	25	26
27	28	29	30			

17
VENERDÌ

Note

Cose da fare

18
SABATO

7

8

9

10

11

12

13

14

15

16

17

18

19

20

21

L	M	M	Aprile G	V	S	D
		1	2	3	4	5
6	7	8	9	10	11	12
13	14	15	16	17	18	19
20	21	22	23	24	25	26
27	28	29	30			

18
SABATO

Note

Cose da fare

19
DOMENICA

7

8

9

10

11

12

13

14

15

16

17

18

19

20

21

Aprile

L	M	M	G	V	S	D
			1	2	3	4	5
6	7	8	9	10	11	12
13	14	15	16	17	18	19
20	21	22	23	24	25	26
27	28	29	30			

19
DOMENICA

Note

Cose da fare

20
LUNEDÌ

7

8

9

10

11

12

13

14

15

16

17

18

19

20

21

L	M	M	Aprile G	V	S	D
			1	2	3	4	5
6	7	8	9	10	11	12
13	14	15	16	17	18	19
20	21	22	23	24	25	26
27	28	29	30			

20
LUNEDÌ

Note

Cose da fare

21
MARTEDÌ

7

8

9

10

11

12

13

14

15

16

17

18

19

20

21

			Aprile			
L	M	M	G	V	S	D
		1	2	3	4	5
6	7	8	9	10	11	12
13	14	15	16	17	18	19
20	21	22	23	24	25	26
27	28	29	30			

21
MARTEDÌ

Note

Cose da fare

22
MERCOLEDÌ

7

8

9

10

11

12

13

14

15

16

17

18

19

20

21

Aprile						
L	M	M	G	V	S	D
			1	2	3	4	5
6	7	8	9	10	11	12
13	14	15	16	17	18	19
20	21	22	23	24	25	26
27	28	29	30			

22
MERCOLEDÌ

Note

Cose da fare

23
GIOVEDÌ

7

8

9

10

11

12

13

14

15

16

17

18

19

20

21

			Aprile			
L	M	M	G	V	S	D
		1	2	3	4	5
6	7	8	9	10	11	12
13	14	15	16	17	18	19
20	21	22	23	24	25	26
27	28	29	30			

23
GIOVEDÌ

Note

Cose da fare

24
VENERDÌ

7

8

9

10

11

12

13

14

15

16

17

18

19

20

21

L	M	M	Aprile G	V	S	D
		1	2	3	4	5
6	7	8	9	10	11	12
13	14	15	16	17	18	19
20	21	22	23	24	25	26
27	28	29	30			

24
VENERDÌ

Note

Cose da fare

25
SABATO

7

8

9

10

11

12

13

14

15

16

17

18

19

20

21

L	M	M	Aprile G	V	S	D
		1	2	3	4	5
6	7	8	9	10	11	12
13	14	15	16	17	18	19
20	21	22	23	24	25	26
27	28	29	30			

25
SABATO

Note

Cose da fare

26
DOMENICA

7

8

9

10

11

12

13

14

15

16

17

18

19

20

21

Aprile

L	M	M	G	V	S	D
		1	2	3	4	5
6	7	8	9	10	11	12
13	14	15	16	17	18	19
20	21	22	23	24	25	26
27	28	29	30			

26
DOMENICA

Note

Cose da fare

27
LUNEDÌ

7

8

9

10

11

12

13

14

15

16

17

18

19

20

21

			Aprile			
L	M	M	G	V	S	D
		1	2	3	4	5
6	7	8	9	10	11	12
13	14	15	16	17	18	19
20	21	22	23	24	25	26
27	28	29	30			

27
LUNEDÌ

Note

Cose da fare

28
MARTEDÌ

7

8

9

10

11

12

13

14

15

16

17

18

19

20

21

			Aprile			
L	M	M	G	V	S	D
		1	2	3	4	5
6	7	8	9	10	11	12
13	14	15	16	17	18	19
20	21	22	23	24	25	26
27	28	29	30			

28
MARTEDÌ

Note

Cose da fare

MARTEDÌ

29
MERCOLEDÌ

7

8

9

10

11

12

13

14

15

16

17

18

19

20

21

Aprile						
L	M	M	G	V	S	D
		1	2	3	4	5
6	7	8	9	10	11	12
13	14	15	16	17	18	19
20	21	22	23	24	25	26
27	28	29	30			

29
MERCOLEDÌ

Note

Cose da fare

30
GIOVEDÌ

7

8

9

10

11

12

13

14

15

16

17

18

19

20

21

Aprile

L	M	M	G	V	S	D
		1	2	3	4	5
6	7	8	9	10	11	12
13	14	15	16	17	18	19
20	21	22	23	24	25	26
27	28	29	30			

30
GIOVEDÌ

APRILE
Set. 18

Note

Cose da fare

1
VENERDÌ

7

8

9

10

11

12

13

14

15

16

17

18

19

20

21

Maggio						
L	M	M	G	V	S	D
				1	2	3
4	5	6	7	8	9	10
11	12	13	14	15	16	17
18	19	20	21	22	23	24
25	26	27	28	29	30	31

1
VENERDÌ

Note

Cose da fare

2
SABATO

7

8

9

10

11

12

13

14

15

16

17

18

19

20

21

			Maggio			
L	M	M	G	V	S	D
				1	2	3
4	5	6	7	8	9	10
11	12	13	14	15	16	17
18	19	20	21	22	23	24
25	26	27	28	29	30	31

2
SABATO

Note

Cose da fare

3
DOMENICA

7

8

9

10

11

12

13

14

15

16

17

18

19

20

21

		Maggio				
L	M	M G	V	S	D	
			1	2	3	
4	5	6 7	8	9	10	
11	12	13 14	15	16	17	
18	19	20 21	22	23	24	
25	26	27 28	29	30	31	

3
DOMENICA

Note

Cose da fare

4

LUNEDÌ

7

8

9

10

11

12

13

14

15

16

17

18

19

20

21

		Maggio				
L	M	M G	V	S	D
				1	2	3
4	5	6	7	8	9	10
11	12	13	14	15	16	17
18	19	20	21	22	23	24
25	26	27	28	29	30	31

4
LUNEDÌ

Note

Cose da fare

5
MARTEDÌ

7

8

9

10

11

12

13

14

15

16

17

18

19

20

21

			Maggio			
L	M	M	G	V	S	D
				1	2	3
4	5	6	7	8	9	10
11	12	13	14	15	16	17
18	19	20	21	22	23	24
25	26	27	28	29	30	31

5
MARTEDÌ

Note

Cose da fare

6
MERCOLEDÌ

7

8

9

10

11

12

13

14

15

16

17

18

19

20

21

Maggio						
L	M	M	G	V	S	D
				1	2	3
4	5	6	7	8	9	10
11	12	13	14	15	16	17
18	19	20	21	22	23	24
25	26	27	28	29	30	31

6
MERCOLEDÌ

Note

Cose da fare

7
GIOVEDÌ

7

8

9

10

11

12

13

14

15

16

17

18

19

20

21

L	M	M	Maggio G	V	S	D
				1	2	3
4	5	6	7	8	9	10
11	12	13	14	15	16	17
18	19	20	21	22	23	24
25	26	27	28	29	30	31

7
GIOVEDÌ

Note

Cose da fare

8
VENERDÌ

7

8

9

10

11

12

13

14

15

16

17

18

19

20

21

Maggio						
L	M	M	G	V	S	D
				1	2	3
4	5	6	7	8	9	10
11	12	13	14	15	16	17
18	19	20	21	22	23	24
25	26	27	28	29	30	31

8
VENERDÌ

Note

Cose da fare

9

SABATO

7

8

9

10

11

12

13

14

15

16

17

18

19

20

21

Maggio

L	M	M	G	V	S	D
				1	2	3
4	5	6	7	8	9	10
11	12	13	14	15	16	17
18	19	20	21	22	23	24
25	26	27	28	29	30	31

9
SABATO

MAGGIO
Set. 19

Note

Cose da fare

10
DOMENICA

7

8

9

10

11

12

13

14

15

16

17

18

19

20

21

Maggio						
L	M	M	G	V	S	D
				1	2	3
4	5	6	7	8	9	10
11	12	13	14	15	16	17
18	19	20	21	22	23	24
25	26	27	28	29	30	31

10
DOMENICA

Note

Cose da fare

11
LUNEDÌ

7

8

9

10

11

12

13

14

15

16

17

18

19

20

21

		Maggio				
L	M	M	G	V	S	D
				1	2	3
4	5	6	7	8	9	10
11	12	13	14	15	16	17
18	19	20	21	22	23	24
25	26	27	28	29	30	31

11
LUNEDÌ

Note

Cose da fare

12
MARTEDÌ

7

8

9

10

11

12

13

14

15

16

17

18

19

20

21

Maggio

L	M	M	G	V	S	D
			1	2	3
4	5	6	7	8	9	10
11	12	13	14	15	16	17
18	19	20	21	22	23	24
25	26	27	28	29	30	31

12
MARTEDÌ

Note

Cose da fare

13
MERCOLEDÌ

7

8

9

10

11

12

13

14

15

16

17

18

19

20

21

			Maggio			
L	M	M	G	V	S	D
				1	2	3
4	5	6	7	8	9	10
11	12	13	14	15	16	17
18	19	20	21	22	23	24
25	26	27	28	29	30	31

13
MERCOLEDÌ

Note

Cose da fare

14
GIOVEDÌ

7

8

9

10

11

12

13

14

15

16

17

18

19

20

21

L	M	M	Maggio G	V	S	D
				1	2	3
4	5	6	7	8	9	10
11	12	13	14	15	16	17
18	19	20	21	22	23	24
25	26	27	28	29	30	31

14
GIOVEDÌ

Note

Cose da fare

15
VENERDÌ

7

8

9

10

11

12

13

14

15

16

17

18

19

20

21

L	M	M	Maggio G	V	S	D
				1	2	3
4	5	6	7	8	9	10
11	12	13	14	15	16	17
18	19	20	21	22	23	24
25	26	27	28	29	30	31

15
VENERDÌ

Note

Cose da fare

16
SABATO

7

8

9

10

11

12

13

14

15

16

17

18

19

20

21

Maggio						
L	M	M	G	V	S	D
				1	2	3
4	5	6	7	8	9	10
11	12	13	14	15	16	17
18	19	20	21	22	23	24
25	26	27	28	29	30	31

16
SABATO

Note

Cose da fare

17
DOMENICA

7

8

9

10

11

12

13

14

15

16

17

18

19

20

21

		Maggio				
L	M	M	G	V	S	D
				1	2	3
4	5	6	7	8	9	10
11	12	13	14	15	16	17
18	19	20	21	22	23	24
25	26	27	28	29	30	31

17
DOMENICA

Note

Cose da fare

18
LUNEDÌ

7

8

9

10

11

12

13

14

15

16

17

18

19

20

21

Maggio						
L	M	M	G	V	S	D
				1	2	3
4	5	6	7	8	9	10
11	12	13	14	15	16	17
18	19	20	21	22	23	24
25	26	27	28	29	30	31

18
LUNEDÌ

Note

Cose da fare

19
MARTEDÌ

7

8

9

10

11

12

13

14

15

16

17

18

19

20

21

Maggio

L	M	M	G	V	S	D
			1	2	3
4	5	6	7	8	9	10
11	12	13	14	15	16	17
18	19	20	21	22	23	24
25	26	27	28	29	30	31

19
MARTEDÌ

Note

Cose da fare

20
MERCOLEDÌ

7

8

9

10

11

12

13

14

15

16

17

18

19

20

21

Maggio

L	M	M	G	V	S	D
				1	2	3
4	5	6	7	8	9	10
11	12	13	14	15	16	17
18	19	20	21	22	23	24
25	26	27	28	29	30	31

20
MERCOLEDÌ

Note

Cose da fare

21
GIOVEDÌ

7

8

9

10

11

12

13

14

15

16

17

18

19

20

21

			Maggio			
L	M	M	G	V	S	D
				1	2	3
4	5	6	7	8	9	10
11	12	13	14	15	16	17
18	19	20	21	22	23	24
25	26	27	28	29	30	31

21
GIOVEDÌ

Note

Cose da fare

22
VENERDÌ

7

8

9

10

11

12

13

14

15

16

17

18

19

20

21

Maggio

L	M	M	G	V	S	D
				1	2	3
4	5	6	7	8	9	10
11	12	13	14	15	16	17
18	19	20	21	22	23	24
25	26	27	28	29	30	31

22
VENERDÌ

Note

Cose da fare

23
SABATO

7

8

9

10

11

12

13

14

15

16

17

18

19

20

21

Maggio

L	M	M	G	V	S	D
				1	2	3
4	5	6	7	8	9	10
11	12	13	14	15	16	17
18	19	20	21	22	23	24
25	26	27	28	29	30	31

23
SABATO

Note

Cose da fare

24
DOMENICA

7

8

9

10

11

12

13

14

15

16

17

18

19

20

21

Maggio						
L	M	M	G	V	S	D
				1	2	3
4	5	6	7	8	9	10
11	12	13	14	15	16	17
18	19	20	21	22	23	24
25	26	27	28	29	30	31

24
DOMENICA

Note

Cose da fare

25
LUNEDÌ

7

8

9

10

11

12

13

14

15

16

17

18

19

20

21

			Maggio			
L	M	M	G	V	S	D
				1	2	3
4	5	6	7	8	9	10
11	12	13	14	15	16	17
18	19	20	21	22	23	24
25	26	27	28	29	30	31

25
LUNEDÌ

Note

Cose da fare

26
MARTEDÌ

7

8

9

10

11

12

13

14

15

16

17

18

19

20

21

			Maggio			
L	M	M	G	V	S	D
				1	2	3
4	5	6	7	8	9	10
11	12	13	14	15	16	17
18	19	20	21	22	23	24
25	26	27	28	29	30	31

26
MARTEDÌ

Note

Cose da fare

27

MERCOLEDÌ

7

8

9

10

11

12

13

14

15

16

17

18

19

20

21

Maggio

L	M	M	G	V	S	D
				1	2	3
4	5	6	7	8	9	10
11	12	13	14	15	16	17
18	19	20	21	22	23	24
25	26	27	28	29	30	31

27
MERCOLEDÌ

Note

Cose da fare

28
GIOVEDÌ

7

8

9

10

11

12

13

14

15

16

17

18

19

20

21

Maggio

L	M	M	G	V	S	D
				1	2	3
4	5	6	7	8	9	10
11	12	13	14	15	16	17
18	19	20	21	22	23	24
25	26	27	28	29	30	31

28
GIOVEDÌ

Note

Cose da fare

29
VENERDÌ

7

8

9

10

11

12

13

14

15

16

17

18

19

20

21

Maggio

L	M	M	G	V	S	D
				1	2	3
4	5	6	7	8	9	10
11	12	13	14	15	16	17
18	19	20	21	22	23	24
25	26	27	28	29	30	31

29
VENERDÌ

Note

Cose da fare

30
SABATO

7

8

9

10

11

12

13

14

15

16

17

18

19

20

21

Maggio

L	M	M	G	V	S	D
				1	2	3
4	5	6	7	8	9	10
11	12	13	14	15	16	17
18	19	20	21	22	23	24
25	26	27	28	29	30	31

30
SABATO

Note

Cose da fare

31
DOMENICA

7

8

9

10

11

12

13

14

15

16

17

18

19

20

21

Maggio

L	M	M	G	V	S	D
				1	2	3
4	5	6	7	8	9	10
11	12	13	14	15	16	17
18	19	20	21	22	23	24
25	26	27	28	29	30	31

31
DOMENICA

Note

Cose da fare

1

LUNEDÌ

7

8

9

10

11

12

13

14

15

16

17

18

19

20

21

Giugno

L	M	M	G	V	S	D
1	2	3	4	5	6	7
8	9	10	11	12	13	14
15	16	17	18	19	20	21
22	23	24	25	26	27	28
29	30					

1
LUNEDÌ

Note

Cose da fare

2
MARTEDÌ

7

8

9

10

11

12

13

14

15

16

17

18

19

20

21

Giugno

L	M	M	G	V	S	D
1	2	3	4	5	6	7
8	9	10	11	12	13	14
15	16	17	18	19	20	21
22	23	24	25	26	27	28
29	30					

2
MARTEDÌ

Note

Cose da fare

3
MERCOLEDÌ

7

8

9

10

11

12

13

14

15

16

17

18

19

20

21

Giugno

L	M	M	G	V	S	D
1	2	3	4	5	6	7
8	9	10	11	12	13	14
15	16	17	18	19	20	21
22	23	24	25	26	27	28
29	30					

3
MERCOLEDÌ

GIUGNO
Set. 23

Note

Cose da fare

4
GIOVEDÌ

7

8

9

10

11

12

13

14

15

16

17

18

19

20

21

Giugno

L	M	M	G	V	S	D
1	2	3	4	5	6	7
8	9	10	11	12	13	14
15	16	17	18	19	20	21
22	23	24	25	26	27	28
29	30					

4
GIOVEDÌ

GIUGNO
Set. 23

Note

Cose da fare

5
VENERDÌ

7

8

9

10

11

12

13

14

15

16

17

18

19

20

21

			Giugno			
L	M	M	G	V	S	D
1	2	3	4	5	6	7
8	9	10	11	12	13	14
15	16	17	18	19	20	21
22	23	24	25	26	27	28
29	30					

5
VENERDÌ

Note

Cose da fare

6
SABATO

7

8

9

10

11

12

13

14

15

16

17

18

19

20

21

Giugno						
L	M	M	G	V	S	D
1	2	3	4	5	6	7
8	9	10	11	12	13	14
15	16	17	18	19	20	21
22	23	24	25	26	27	28
29	30					

GIUGNO
Set. 23

6
SABATO

Note

Cose da fare

7

DOMENICA

7

8

9

10

11

12

13

14

15

16

17

18

19

20

21

Giugno						
L	M	M	G	V	S	D
1	2	3	4	5	6	7
8	9	10	11	12	13	14
15	16	17	18	19	20	21
22	23	24	25	26	27	28
29	30					

7
DOMENICA

Note

Cose da fare

8

LUNEDÌ

7

8

9

10

11

12

13

14

15

16

17

18

19

20

21

L	M	M	Giugno G	V	S	D
1	2	3	4	5	6	7
8	9	10	11	12	13	14
15	16	17	18	19	20	21
22	23	24	25	26	27	28
29	30					

8
LUNEDÌ

Note

Cose da fare

9

MARTEDÌ

7

8

9

10

11

12

13

14

15

16

17

18

19

20

21

Giugno

L	M	M	G	V	S	D
1	2	3	4	5	6	7
8	9	10	11	12	13	14
15	16	17	18	19	20	21
22	23	24	25	26	27	28
29	30					

9
MARTEDÌ

GIUGNO
Set. 24

Note

Cose da fare

10
MERCOLEDÌ

7

8

9

10

11

12

13

14

15

16

17

18

19

20

21

Giugno

L	M	M	G	V	S	D
1	2	3	4	5	6	7
8	9	10	11	12	13	14
15	16	17	18	19	20	21
22	23	24	25	26	27	28
29	30					

10
MERCOLEDÌ

GIUGNO
Set. 24

Note

Cose da fare

11
GIOVEDÌ

7

8

9

10

11

12

13

14

15

16

17

18

19

20

21

L	M	M	Giugno G	V	S	D
1	2	3	4	5	6	7
8	9	10	11	12	13	14
15	16	17	18	19	20	21
22	23	24	25	26	27	28
29	30					

11
GIOVEDÌ

Note

Cose da fare

12
VENERDÌ

7

8

9

10

11

12

13

14

15

16

17

18

19

20

21

Giugno

L	M	M	G	V	S	D
1	2	3	4	5	6	7
8	9	10	11	12	13	14
15	16	17	18	19	20	21
22	23	24	25	26	27	28
29	30					

12
VENERDÌ

Note

Cose da fare

13
SABATO

7

8

9

10

11

12

13

14

15

16

17

18

19

20

21

Giugno

L	M	M	G	V	S	D
1	2	3	4	5	6	7
8	9	10	11	12	13	14
15	16	17	18	19	20	21
22	23	24	25	26	27	28
29	30					

13
SABATO

Note

Cose da fare

14
DOMENICA

7

8

9

10

11

12

13

14

15

16

17

18

19

20

21

Giugno

L	M	M	G	V	S	D
1	2	3	4	5	6	7
8	9	10	11	12	13	14
15	16	17	18	19	20	21
22	23	24	25	26	27	28
29	30					

14
DOMENICA

GIUGNO
Set. 24

Note

Cose da fare

15
LUNEDÌ

7

8

9

10

11

12

13

14

15

16

17

18

19

20

21

Giugno

L	M	M	G	V	S	D
1	2	3	4	5	6	7
8	9	10	11	12	13	14
15	16	17	18	19	20	21
22	23	24	25	26	27	28
29	30					

15
LUNEDÌ

Note

Cose da fare

16
MARTEDÌ

7

8

9

10

11

12

13

14

15

16

17

18

19

20

21

Giugno

L	M	M	G	V	S	D
1	2	3	4	5	6	7
8	9	10	11	12	13	14
15	16	17	18	19	20	21
22	23	24	25	26	27	28
29	30					

16
MARTEDÌ

GIUGNO
Set. 25

Note

Cose da fare

17

MERCOLEDÌ

7

8

9

10

11

12

13

14

15

16

17

18

19

20

21

Giugno						
L	M	M	G	V	S	D
1	2	3	4	5	6	7
8	9	10	11	12	13	14
15	16	17	18	19	20	21
22	23	24	25	26	27	28
29	30					

17
MERCOLEDÌ

Note

Cose da fare

18
GIOVEDÌ

7

8

9

10

11

12

13

14

15

16

17

18

19

20

21

			Giugno			
L	M	M	G	V	S	D
1	2	3	4	5	6	7
8	9	10	11	12	13	14
15	16	17	18	19	20	21
22	23	24	25	26	27	28
29	30					

18
GIOVEDÌ

Note

Cose da fare

19
VENERDÌ

7

8

9

10

11

12

13

14

15

16

17

18

19

20

21

Giugno						
L	M	M	G	V	S	D
1	2	3	4	5	6	7
8	9	10	11	12	13	14
15	16	17	18	19	20	21
22	23	24	25	26	27	28
29	30					

19
VENERDÌ

Note

Cose da fare

20
SABATO

7

8

9

10

11

12

13

14

15

16

17

18

19

20

21

Giugno

L	M	M	G	V	S	D
1	2	3	4	5	6	7
8	9	10	11	12	13	14
15	16	17	18	19	20	21
22	23	24	25	26	27	28
29	30					

20
SABATO

GIUGNO
Set. 25

Note

Cose da fare

21
DOMENICA

7

8

9

10

11

12

13

14

15

16

17

18

19

20

21

		Giugno				
L	M	M	G	V	S	D
1	2	3	4	5	6	7
8	9	10	11	12	13	14
15	16	17	18	19	20	21
22	23	24	25	26	27	28
29	30					

21
DOMENICA

Note

Cose da fare

22
LUNEDÌ

7

8

9

10

11

12

13

14

15

16

17

18

19

20

21

Giugno						
L	M	M	G	V	S	D
1	2	3	4	5	6	7
8	9	10	11	12	13	14
15	16	17	18	19	20	21
22	23	24	25	26	27	28
29	30					

22
LUNEDÌ

Note

Cose da fare

23
MARTEDÌ

7

8

9

10

11

12

13

14

15

16

17

18

19

20

21

Giugno

L	M	M	G	V	S	D
1	2	3	4	5	6	7
8	9	10	11	12	13	14
15	16	17	18	19	20	21
22	23	24	25	26	27	28
29	30					

23
MARTEDÌ

Note

Cose da fare

24
MERCOLEDÌ

7

8

9

10

11

12

13

14

15

16

17

18

19

20

21

		Giugno				
L	M	M	G	V	S	D
1	2	3	4	5	6	7
8	9	10	11	12	13	14
15	16	17	18	19	20	21
22	23	24	25	26	27	28
29	30					

24
MERCOLEDÌ

Note

Cose da fare

25
GIOVEDÌ

7

8

9

10

11

12

13

14

15

16

17

18

19

20

21

			Giugno			
L	M	M	G	V	S	D
1	2	3	4	5	6	7
8	9	10	11	12	13	14
15	16	17	18	19	20	21
22	23	24	25	26	27	28
29	30					

25
GIOVEDÌ

Note

Cose da fare

26
VENERDÌ

7

8

9

10

11

12

13

14

15

16

17

18

19

20

21

Giugno

L	M	M	G	V	S	D
1	2	3	4	5	6	7
8	9	10	11	12	13	14
15	16	17	18	19	20	21
22	23	24	25	26	27	28
29	30					

26
VENERDÌ

Note

Cose da fare

27
SABATO

7

8

9

10

11

12

13

14

15

16

17

18

19

20

21

Giugno

L	M	M	G	V	S	D
1	2	3	4	5	6	7
8	9	10	11	12	13	14
15	16	17	18	19	20	21
22	23	24	25	26	27	28
29	30					

27
SABATO

Note

Cose da fare

28
DOMENICA

7

8

9

10

11

12

13

14

15

16

17

18

19

20

21

Giugno
L	M	M	G	V	S	D
1	2	3	4	5	6	7
8	9	10	11	12	13	14
15	16	17	18	19	20	21
22	23	24	25	26	27	28
29	30					

28
DOMENICA

Note

Cose da fare

29
LUNEDÌ

7

8

9

10

11

12

13

14

15

16

17

18

19

20

21

Giugno

L	M	M	G	V	S	D
1	2	3	4	5	6	7
8	9	10	11	12	13	14
15	16	17	18	19	20	21
22	23	24	25	26	27	28
29	30					

29
LUNEDÌ

GIUGNO
Set. 27

Note

Cose da fare

30
MARTEDÌ

7

8

9

10

11

12

13

14

15

16

17

18

19

20

21

Giugno

L	M	M	G	V	S	D
1	2	3	4	5	6	7
8	9	10	11	12	13	14
15	16	17	18	19	20	21
22	23	24	25	26	27	28
29	30					

30
MARTEDÌ

Note

Cose da fare

1
MERCOLEDÌ

7

8

9

10

11

12

13

14

15

16

17

18

19

20

21

L	M	M	Luglio G	V	S	D
		1	2	3	4	5
6	7	8	9	10	11	12
13	14	15	16	17	18	19
20	21	22	23	24	25	26
27	28	29	30	31		

1
MERCOLEDÌ

Note

Cose da fare

2
GIOVEDÌ

7

8

9

10

11

12

13

14

15

16

17

18

19

20

21

			Luglio			
L	M	M	G	V	S	D
		1	2	3	4	5
6	7	8	9	10	11	12
13	14	15	16	17	18	19
20	21	22	23	24	25	26
27	28	29	30	31		

2
GIOVEDÌ

LUGLIO
Set. 27

Note

Cose da fare

3
VENERDÌ

7

8

9

10

11

12

13

14

15

16

17

18

19

20

21

			Luglio			
L	M	M	G	V	S	D
		1	2	3	4	5
6	7	8	9	10	11	12
13	14	15	16	17	18	19
20	21	22	23	24	25	26
27	28	29	30	31		

3
VENERDÌ

Note

Cose da fare

4

SABATO

7

8

9

10

11

12

13

14

15

16

17

18

19

20

21

Luglio

L	M	M	G	V	S	D
			1	2	3	4	5
6	7	8	9	10	11	12
13	14	15	16	17	18	19
20	21	22	23	24	25	26
27	28	29	30	31		

4
SABATO

Note

Cose da fare

5
DOMENICA

7

8

9

10

11

12

13

14

15

16

17

18

19

20

21

			Luglio			
L	M	M	G	V	S	D
		1	2	3	4	5
6	7	8	9	10	11	12
13	14	15	16	17	18	19
20	21	22	23	24	25	26
27	28	29	30	31		

5
DOMENICA

LUGLIO
Set. 27

Note

Cose da fare

6
LUNEDÌ

7

8

9

10

11

12

13

14

15

16

17

18

19

20

21

L	M	M	Luglio G	V	S	D
			1	2	3	4	5
6	7	8	9	10	11	12
13	14	15	16	17	18	19
20	21	22	23	24	25	26
27	28	29	30	31		

6
LUNEDÌ

Note

Cose da fare

7
MARTEDÌ

7

8

9

10

11

12

13

14

15

16

17

18

19

20

21

			Luglio			
L	M	M	G	V	S	D
		1	2	3	4	5
6	7	8	9	10	11	12
13	14	15	16	17	18	19
20	21	22	23	24	25	26
27	28	29	30	31		

7
MARTEDÌ

LUGLIO
Set. 28

Note

Cose da fare

8
MERCOLEDÌ

7

8

9

10

11

12

13

14

15

16

17

18

19

20

21

			Luglio			
L	M	M	G	V	S	D
			1	2	3	4	5
6	7	8	9	10	11	12
13	14	15	16	17	18	19
20	21	22	23	24	25	26
27	28	29	30	31		

8
MERCOLEDÌ

Note

Cose da fare

9
GIOVEDÌ

7

8

9

10

11

12

13

14

15

16

17

18

19

20

21

			Luglio			
L	M	M	G	V	S	D
		1	2	3	4	5
6	7	8	9	10	11	12
13	14	15	16	17	18	19
20	21	22	23	24	25	26
27	28	29	30	31		

9
GIOVEDÌ

Note

Cose da fare

10
VENERDÌ

7

8

9

10

11

12

13

14

15

16

17

18

19

20

21

L	M	M	Luglio G	V	S	D
			1	2	3	4	5
6	7	8	9	10	11	12
13	14	15	16	17	18	19
20	21	22	23	24	25	26
27	28	29	30	31		

10
VENERDÌ

Note

Cose da fare

11

SABATO

7

8

9

10

11

12

13

14

15

16

17

18

19

20

21

L	M	M	Luglio G	V	S	D
			1	2	3	4	5
6	7	8	9	10	11	12
13	14	15	16	17	18	19
20	21	22	23	24	25	26
27	28	29	30	31		

11
SABATO

Note

Cose da fare

12
DOMENICA

7

8

9

10

11

12

13

14

15

16

17

18

19

20

21

L	M	M	Luglio G	V	S	D
		1	2	3	4	5
6	7	8	9	10	11	12
13	14	15	16	17	18	19
20	21	22	23	24	25	26
27	28	29	30	31		

12
DOMENICA

Note

Cose da fare

13
LUNEDÌ

7

8

9

10

11

12

13

14

15

16

17

18

19

20

21

L	M	M	Luglio G	V	S	D
		1	2	3	4	5
6	7	8	9	10	11	12
13	14	15	16	17	18	19
20	21	22	23	24	25	26
27	28	29	30	31		

13
LUNEDÌ

Note

Cose da fare

14

MARTEDÌ

7

8

9

10

11

12

13

14

15

16

17

18

19

20

21

			Luglio			
L	M	M	G	V	S	D
			1	2	3	4	5
6	7	8	9	10	11	12
13	14	15	16	17	18	19
20	21	22	23	24	25	26
27	28	29	30	31		

14
MARTEDÌ

Note

Cose da fare

15
MERCOLEDÌ

7

8

9

10

11

12

13

14

15

16

17

18

19

20

21

15
MERCOLEDÌ

Luglio

L	M	M	G	V	S	D
			1	2	3	4	5
6	7	8	9	10	11	12
13	14	15	16	17	18	19
20	21	22	23	24	25	26
27	28	29	30	31		

Note

Cose da fare

16
GIOVEDÌ

7

8

9

10

11

12

13

14

15

16

17

18

19

20

21

Luglio

L	M	M	G	V	S	D
			1	2	3	4	5
6	7	8	9	10	11	12
13	14	15	16	17	18	19
20	21	22	23	24	25	26
27	28	29	30	31		

16
GIOVEDÌ

Note

Cose da fare

17
VENERDÌ

7

8

9

10

11

12

13

14

15

16

17

18

19

20

21

Luglio

L	M	M	G	V	S	D
			1	2	3	4	5
6	7	8	9	10	11	12
13	14	15	16	17	18	19
20	21	22	23	24	25	26
27	28	29	30	31		

17
VENERDÌ

Note

Cose da fare

18
SABATO

7

8

9

10

11

12

13

14

15

16

17

18

19

20

21

Luglio

L	M	M	G	V	S	D
		1	2	3	4	5
6	7	8	9	10	11	12
13	14	15	16	17	18	19
20	21	22	23	24	25	26
27	28	29	30	31		

18
SABATO

Note

Cose da fare

19
DOMENICA

7

8

9

10

11

12

13

14

15

16

17

18

19

20

21

			Luglio			
L	M	M	G	V	S	D
		1	2	3	4	5
6	7	8	9	10	11	12
13	14	15	16	17	18	19
20	21	22	23	24	25	26
27	28	29	30	31		

19
DOMENICA

Note

Cose da fare

20
LUNEDÌ

7

8

9

10

11

12

13

14

15

16

17

18

19

20

21

Luglio

L	M	M	G	V	S	D
			1	2	3	4	5
6	7	8	9	10	11	12
13	14	15	16	17	18	19
20	21	22	23	24	25	26
27	28	29	30	31		

20
LUNEDÌ

Note

Cose da fare

21
MARTEDÌ

7

8

9

10

11

12

13

14

15

16

17

18

19

20

21

		Luglio				
L	M	M	G	V	S	D
		1	2	3	4	5
6	7	8	9	10	11	12
13	14	15	16	17	18	19
20	21	22	23	24	25	26
27	28	29	30	31		

21
MARTEDÌ

Note

Cose da fare

22
MERCOLEDÌ

7

8

9

10

11

12

13

14

15

16

17

18

19

20

21

L	M	M	Luglio G	V	S	D
			1	2	3	4	5
6	7	8	9	10	11	12
13	14	15	16	17	18	19
20	21	22	23	24	25	26
27	28	29	30	31		

22
MERCOLEDÌ

Note

Cose da fare

23
GIOVEDÌ

7

8

9

10

11

12

13

14

15

16

17

18

19

20

21

			Luglio			
L	M	M	G	V	S	D
		1	2	3	4	5
6	7	8	9	10	11	12
13	14	15	16	17	18	19
20	21	22	23	24	25	26
27	28	29	30	31		

23
GIOVEDÌ

LUGLIO
Set. 30

Note

Cose da fare

24
VENERDÌ

7

8

9

10

11

12

13

14

15

16

17

18

19

20

21

Luglio

L	M	M	G	V	S	D
			1	2	3	4	5
6	7	8	9	10	11	12
13	14	15	16	17	18	19
20	21	22	23	24	25	26
27	28	29	30	31		

24
VENERDÌ

Note

Cose da fare

25
SABATO

7

8

9

10

11

12

13

14

15

16

17

18

19

20

21

L	M	M	Luglio G	V	S	D
		1	2	3	4	5
6	7	8	9	10	11	12
13	14	15	16	17	18	19
20	21	22	23	24	25	26
27	28	29	30	31		

25
SABATO

Note

Cose da fare

26
DOMENICA

7

8

9

10

11

12

13

14

15

16

17

18

19

20

21

L	M	M	Luglio G	V	S	D
			1	2	3	4	5
6	7	8	9	10	11	12
13	14	15	16	17	18	19
20	21	22	23	24	25	26
27	28	29	30	31		

26
DOMENICA

Note

Cose da fare

27
LUNEDÌ

7

8

9

10

11

12

13

14

15

16

17

18

19

20

21

L	M	M	Luglio G	V	S	D
		1	2	3	4	5
6	7	8	9	10	11	12
13	14	15	16	17	18	19
20	21	22	23	24	25	26
27	28	29	30	31		

27
LUNEDÌ

Note

Cose da fare

LUNEDÌ

28
MARTEDÌ

7

8

9

10

11

12

13

14

15

16

17

18

19

20

21

Luglio

L	M	M	G	V	S	D
				1	2	3	4	5
6	7	8	9	10	11	12
13	14	15	16	17	18	19
20	21	22	23	24	25	26
27	28	29	30	31		

28
MARTEDÌ

Note

Cose da fare

29
MERCOLEDÌ

7

8

9

10

11

12

13

14

15

16

17

18

19

20

21

			Luglio			
L	M	M	G	V	S	D
		1	2	3	4	5
6	7	8	9	10	11	12
13	14	15	16	17	18	19
20	21	22	23	24	25	26
27	28	29	30	31		

29
MERCOLEDÌ

Note

Cose da fare

30
GIOVEDÌ

7

8

9

10

11

12

13

14

15

16

17

18

19

20

21

L	M	M	Luglio G	V	S	D
			1	2	3	4	5
6	7	8	9	10	11	12
13	14	15	16	17	18	19
20	21	22	23	24	25	26
27	28	29	30	31		

30
GIOVEDÌ

Note

Cose da fare

31
VENERDÌ

7

8

9

10

11

12

13

14

15

16

17

18

19

20

21

L	M	M	Luglio G	V	S	D
		1	2	3	4	5
6	7	8	9	10	11	12
13	14	15	16	17	18	19
20	21	22	23	24	25	26
27	28	29	30	31		

31
VENERDÌ

Note

Cose da fare

1

SABATO

7

8

9

10

11

12

13

14

15

16

17

18

19

20

21

1
SABATO

Note

Cose da fare

2
DOMENICA

7

8

9

10

11

12

13

14

15

16

17

18

19

20

21

			Agosto			
L	M	M	G	V	S	D
					1	2
3	4	5	6	7	8	9
10	11	12	13	14	15	16
17	18	19	20	21	22	23
24	25	26	27	28	29	30
31						

2
DOMENICA

Note

Cose da fare

3
LUNEDÌ

7

8

9

10

11

12

13

14

15

16

17

18

19

20

21

3
LUNEDÌ

Note

Cose da fare

4
MARTEDÌ

7

8

9

10

11

12

13

14

15

16

17

18

19

20

21

			Agosto			
L	M	M	G	V	S	D
					1	2
3	4	5	6	7	8	9
10	11	12	13	14	15	16
17	18	19	20	21	22	23
24	25	26	27	28	29	30
31						

4
MARTEDÌ

Note

Cose da fare

5
MERCOLEDÌ

7

8

9

10

11

12

13

14

15

16

17

18

19

20

21

			Agosto			
L	M	M	G	V	S	D
					1	2
3	4	5	6	7	8	9
10	11	12	13	14	15	16
17	18	19	20	21	22	23
24	25	26	27	28	29	30
31						

5
MERCOLEDÌ

Note

Cose da fare

6
GIOVEDÌ

7

8

9

10

11

12

13

14

15

16

17

18

19

20

21

L	M	M	Agosto G	V	S	D
					1	2
3	4	5	6	7	8	9
10	11	12	13	14	15	16
17	18	19	20	21	22	23
24	25	26	27	28	29	30
31						

6
GIOVEDÌ

Note

Cose da fare

7

VENERDÌ

7

8

9

10

11

12

13

14

15

16

17

18

19

20

21

7
VENERDÌ

Note

Cose da fare

8
SABATO

7

8

9

10

11

12

13

14

15

16

17

18

19

20

21

8
SABATO

Note

Cose da fare

9
DOMENICA

7

8

9

10

11

12

13

14

15

16

17

18

19

20

21

L	M	M	Agosto G	V	S	D
					1	2
3	4	5	6	7	8	9
10	11	12	13	14	15	16
17	18	19	20	21	22	23
24	25	26	27	28	29	30
31						

9
DOMENICA

Note

Cose da fare

10
LUNEDÌ

7

8

9

10

11

12

13

14

15

16

17

18

19

20

21

10
LUNEDÌ

Note

Cose da fare

11
MARTEDÌ

7

8

9

10

11

12

13

14

15

16

17

18

19

20

21

11
MARTEDÌ

Note

Cose da fare

12
MERCOLEDÌ

7

8

9

10

11

12

13

14

15

16

17

18

19

20

21

L	M	M	Agosto G	V	S	D
					1	2
3	4	5	6	7	8	9
10	11	12	13	14	15	16
17	18	19	20	21	22	23
24	25	26	27	28	29	30
31						

12
MERCOLEDÌ

AGOSTO
Set. 33

Note

Cose da fare

13

GIOVEDÌ

7

8

9

10

11

12

13

14

15

16

17

18

19

20

21

			Agosto			
L	M	M	G	V	S	D
					1	2
3	4	5	6	7	8	9
10	11	12	13	14	15	16
17	18	19	20	21	22	23
24	25	26	27	28	29	30
31						

13
GIOVEDÌ

Note

Cose da fare

14

VENERDÌ

7

8

9

10

11

12

13

14

15

16

17

18

19

20

21

14
VENERDÌ

Note

Cose da fare

15
SABATO

7

8

9

10

11

12

13

14

15

16

17

18

19

20

21

15
SABATO

Note

Cose da fare

16
DOMENICA

7

8

9

10

11

12

13

14

15

16

17

18

19

20

21

Agosto

L	M	M	G	V	S	D
					1	2
3	4	5	6	7	8	9
10	11	12	13	14	15	16
17	18	19	20	21	22	23
24	25	26	27	28	29	30
31						

16
DOMENICA

Note

Cose da fare

17
LUNEDÌ

7

8

9

10

11

12

13

14

15

16

17

18

19

20

21

Agosto

L	M	M	G	V	S	D
					1	2
3	4	5	6	7	8	9
10	11	12	13	14	15	16
17	18	19	20	21	22	23
24	25	26	27	28	29	30
31						

17
LUNEDÌ

Note

Cose da fare

18
MARTEDÌ

7

8

9

10

11

12

13

14

15

16

17

18

19

20

21

			Agosto			
L	M	M	G	V	S	D
					1	2
3	4	5	6	7	8	9
10	11	12	13	14	15	16
17	18	19	20	21	22	23
24	25	26	27	28	29	30
31						

18
MARTEDÌ

Note

Cose da fare

19
MERCOLEDÌ

7

8

9

10

11

12

13

14

15

16

17

18

19

20

21

			Agosto			
L	M	M	G	V	S	D
					1	2
3	4	5	6	7	8	9
10	11	12	13	14	15	16
17	18	19	20	21	22	23
24	25	26	27	28	29	30
31						

19
MERCOLEDÌ

Note

Cose da fare

20
GIOVEDÌ

7

8

9

10

11

12

13

14

15

16

17

18

19

20

21

			Agosto			
L	M	M	G	V	S	D
					1	2
3	4	5	6	7	8	9
10	11	12	13	14	15	16
17	18	19	20	21	22	23
24	25	26	27	28	29	30
31						

20
GIOVEDÌ

Note

Cose da fare

21
VENERDÌ

7

8

9

10

11

12

13

14

15

16

17

18

19

20

21

			Agosto			
L	M	M	G	V	S	D
					1	2
3	4	5	6	7	8	9
10	11	12	13	14	15	16
17	18	19	20	21	22	23
24	25	26	27	28	29	30
31						

21
VENERDÌ

Note

Cose da fare

22
SABATO

7

8

9

10

11

12

13

14

15

16

17

18

19

20

21

22
SABATO

Note

Cose da fare

23
DOMENICA

7

8

9

10

11

12

13

14

15

16

17

18

19

20

21

Agosto

L	M	M	G	V	S	D
					1	2
3	4	5	6	7	8	9
10	11	12	13	14	15	16
17	18	19	20	21	22	23
24	25	26	27	28	29	30
31						

23
DOMENICA

Note

Cose da fare

24
LUNEDÌ

7

8

9

10

11

12

13

14

15

16

17

18

19

20

21

24
LUNEDÌ

Note

Cose da fare

25
MARTEDÌ

7

8

9

10

11

12

13

14

15

16

17

18

19

20

21

Agosto

L	M	M	G	V	S	D
					1	2
3	4	5	6	7	8	9
10	11	12	13	14	15	16
17	18	19	20	21	22	23
24	25	26	27	28	29	30
31						

25
MARTEDÌ

Note

Cose da fare

26

MERCOLEDÌ

7

8

9

10

11

12

13

14

15

16

17

18

19

20

21

26
MERCOLEDÌ

Agosto

L	M	M	G	V	S	D
					1	2
3	4	5	6	7	8	9
10	11	12	13	14	15	16
17	18	19	20	21	22	23
24	25	26	27	28	29	30
31						

Note

Cose da fare

27
GIOVEDÌ

7

8

9

10

11

12

13

14

15

16

17

18

19

20

21

27
GIOVEDÌ

Note

Cose da fare

28
VENERDÌ

7

8

9

10

11

12

13

14

15

16

17

18

19

20

21

28
VENERDÌ

Note

Cose da fare

29
SABATO

7

8

9

10

11

12

13

14

15

16

17

18

19

20

21

29
SABATO

Note

Cose da fare

30
DOMENICA

7

8

9

10

11

12

13

14

15

16

17

18

19

20

21

Agosto

L	M	M	G	V	S	D
					1	2
3	4	5	6	7	8	9
10	11	12	13	14	15	16
17	18	19	20	21	22	23
24	25	26	27	28	29	30
31						

30
DOMENICA

Note

Cose da fare

31
LUNEDÌ

7

8

9

10

11

12

13

14

15

16

17

18

19

20

21

Agosto						
L	M	M	G	V	S	D
					1	2
3	4	5	6	7	8	9
10	11	12	13	14	15	16
17	18	19	20	21	22	23
24	25	26	27	28	29	30
31						

31
LUNEDÌ

Note

Cose da fare

1

MARTEDÌ

7

8

9

10

11

12

13

14

15

16

17

18

19

20

21

Settembre

L	M	M	G	V	S	D
	1	2	3	4	5	6
7	8	9	10	11	12	13
14	15	16	17	18	19	20
21	22	23	24	25	26	27
28	29	30				

1
MARTEDÌ

Note

Cose da fare

2
MERCOLEDÌ

7

8

9

10

11

12

13

14

15

16

17

18

19

20

21

Settembre

L	M	M	G	V	S	D
	1	2	3	4	5	6
7	8	9	10	11	12	13
14	15	16	17	18	19	20
21	22	23	24	25	26	27
28	29	30				

2
MERCOLEDÌ

Note

Cose da fare

3
GIOVEDÌ

7

8

9

10

11

12

13

14

15

16

17

18

19

20

21

Settembre

L	M	M	G	V	S	D
	1	2	3	4	5	6
7	8	9	10	11	12	13
14	15	16	17	18	19	20
21	22	23	24	25	26	27
28	29	30				

3
GIOVEDÌ

Note

Cose da fare

4

VENERDÌ

7

8

9

10

11

12

13

14

15

16

17

18

19

20

21

Settembre

L	M	M	G	V	S	D
	1	2	3	4	5	6
7	8	9	10	11	12	13
14	15	16	17	18	19	20
21	22	23	24	25	26	27
28	29	30				

4
VENERDÌ

Note

Cose da fare

5
SABATO

7

8

9

10

11

12

13

14

15

16

17

18

19

20

21

Settembre

L	M	M	G	V	S	D
	1	2	3	4	5	6
7	8	9	10	11	12	13
14	15	16	17	18	19	20
21	22	23	24	25	26	27
28	29	30				

5
SABATO

Note

Cose da fare

6
DOMENICA

7

8

9

10

11

12

13

14

15

16

17

18

19

20

21

Settembre						
L	M	M	G	V	S	D
	1	2	3	4	5	6
7	8	9	10	11	12	13
14	15	16	17	18	19	20
21	22	23	24	25	26	27
28	29	30				

6
DOMENICA

Note

Cose da fare

7

LUNEDÌ

7

8

9

10

11

12

13

14

15

16

17

18

19

20

21

Settembre

L	M	M	G	V	S	D
	1	2	3	4	5	6
7	8	9	10	11	12	13
14	15	16	17	18	19	20
21	22	23	24	25	26	27
28	29	30				

7
LUNEDÌ

Note

Cose da fare

8

MARTEDÌ

7

8

9

10

11

12

13

14

15

16

17

18

19

20

21

		Settembre				
L	M	M	G	V	S	D
	1	2	3	4	5	6
7	8	9	10	11	12	13
14	15	16	17	18	19	20
21	22	23	24	25	26	27
28	29	30				

8
MARTEDÌ

Note

Cose da fare

9
MERCOLEDÌ

7

8

9

10

11

12

13

14

15

16

17

18

19

20

21

		Settembre				
L	M	M	G	V	S	D
	1	2	3	4	5	6
7	8	9	10	11	12	13
14	15	16	17	18	19	20
21	22	23	24	25	26	27
28	29	30				

9
MERCOLEDÌ

SETTEMBRE
Set. 37

Note

Cose da fare

10
GIOVEDÌ

7

8

9

10

11

12

13

14

15

16

17

18

19

20

21

Settembre

L	M	M	G	V	S	D
	1	2	3	4	5	6
7	8	9	10	11	12	13
14	15	16	17	18	19	20
21	22	23	24	25	26	27
28	29	30				

10
GIOVEDÌ

Note

Cose da fare

11

VENERDÌ

7

8

9

10

11

12

13

14

15

16

17

18

19

20

21

Settembre

L	M	M	G	V	S	D
	1	2	3	4	5	6
7	8	9	10	11	12	13
14	15	16	17	18	19	20
21	22	23	24	25	26	27
28	29	30				

11
VENERDÌ

Note

Cose da fare

12
SABATO

7

8

9

10

11

12

13

14

15

16

17

18

19

20

21

Settembre

L	M	M	G	V	S	D
	1	2	3	4	5	6
7	8	9	10	11	12	13
14	15	16	17	18	19	20
21	22	23	24	25	26	27
28	29	30				

12
SABATO

Note

Cose da fare

13
DOMENICA

7

8

9

10

11

12

13

14

15

16

17

18

19

20

21

		Settembre			
L	M	M	G	V	S	D
	1	2	3	4	5	6
7	8	9	10	11	12	13
14	15	16	17	18	19	20
21	22	23	24	25	26	27
28	29	30				

13
DOMENICA

Note

Cose da fare

14
LUNEDÌ

7

8

9

10

11

12

13

14

15

16

17

18

19

20

21

Settembre

L	M	M	G	V	S	D
	1	2	3	4	5	6
7	8	9	10	11	12	13
14	15	16	17	18	19	20
21	22	23	24	25	26	27
28	29	30				

14
LUNEDÌ

Note

Cose da fare

15
MARTEDÌ

7

8

9

10

11

12

13

14

15

16

17

18

19

20

21

Settembre

L	M	M	G	V	S	D
	1	2	3	4	5	6
7	8	9	10	11	12	13
14	15	16	17	18	19	20
21	22	23	24	25	26	27
28	29	30				

15
MARTEDÌ

Note

Cose da fare

16
MERCOLEDÌ

7

8

9

10

11

12

13

14

15

16

17

18

19

20

21

Settembre

L	M	M	G	V	S	D
	1	2	3	4	5	6
7	8	9	10	11	12	13
14	15	16	17	18	19	20
21	22	23	24	25	26	27
28	29	30				

16
MERCOLEDÌ

Note

Cose da fare

17

GIOVEDÌ

7

8

9

10

11

12

13

14

15

16

17

18

19

20

21

Settembre						
L	M	M	G	V	S	D
	1	2	3	4	5	6
7	8	9	10	11	12	13
14	15	16	17	18	19	20
21	22	23	24	25	26	27
28	29	30				

17
GIOVEDÌ

Note

Cose da fare

18

VENERDÌ

7

8

9

10

11

12

13

14

15

16

17

18

19

20

21

Settembre

L	M	M	G	V	S	D
	1	2	3	4	5	6
7	8	9	10	11	12	13
14	15	16	17	18	19	20
21	22	23	24	25	26	27
28	29	30				

18
VENERDÌ

Note

Cose da fare

19

SABATO

7

8

9

10

11

12

13

14

15

16

17

18

19

20

21

Settembre

L	M	M	G	V	S	D
	1	2	3	4	5	6
7	8	9	10	11	12	13
14	15	16	17	18	19	20
21	22	23	24	25	26	27
28	29	30				

19
SABATO

Note

Cose da fare

20
DOMENICA

7

8

9

10

11

12

13

14

15

16

17

18

19

20

21

Settembre

L	M	M	G	V	S	D
		1	2	3	4	5	6
7	8	9	10	11	12	13
14	15	16	17	18	19	20
21	22	23	24	25	26	27
28	29	30				

20
DOMENICA

SETTEMBRE
Set. 38

Note

Cose da fare

21
LUNEDÌ

7

8

9

10

11

12

13

14

15

16

17

18

19

20

21

Settembre

L	M	M	G	V	S	D
	1	2	3	4	5	6
7	8	9	10	11	12	13
14	15	16	17	18	19	20
21	22	23	24	25	26	27
28	29	30				

21
LUNEDÌ

SETTEMBRE
Set. 39

Note

Cose da fare

22
MARTEDÌ

7

8

9

10

11

12

13

14

15

16

17

18

19

20

21

Settembre

L	M	M	G	V	S	D
	1	2	3	4	5	6
7	8	9	10	11	12	13
14	15	16	17	18	19	20
21	22	23	24	25	26	27
28	29	30				

22
MARTEDÌ

Note

Cose da fare

23
MERCOLEDÌ

7

8

9

10

11

12

13

14

15

16

17

18

19

20

21

Settembre

L	M	M	G	V	S	D
	1	2	3	4	5	6
7	8	9	10	11	12	13
14	15	16	17	18	19	20
21	22	23	24	25	26	27
28	29	30				

23
MERCOLEDÌ

Note

Cose da fare

24
GIOVEDÌ

7

8

9

10

11

12

13

14

15

16

17

18

19

20

21

Settembre

L	M	M	G	V	S	D
	1	2	3	4	5	6
7	8	9	10	11	12	13
14	15	16	17	18	19	20
21	22	23	24	25	26	27
28	29	30				

24
GIOVEDÌ

Note

Cose da fare

25
VENERDÌ

7

8

9

10

11

12

13

14

15

16

17

18

19

20

21

		Settembre				
L	M	M	G	V	S	D
	1	2	3	4	5	6
7	8	9	10	11	12	13
14	15	16	17	18	19	20
21	22	23	24	25	26	27
28	29	30				

25
VENERDÌ

Note

Cose da fare

26
SABATO

7

8

9

10

11

12

13

14

15

16

17

18

19

20

21

Settembre

L	M	M	G	V	S	D
	1	2	3	4	5	6
7	8	9	10	11	12	13
14	15	16	17	18	19	20
21	22	23	24	25	26	27
28	29	30				

26
SABATO

Note

Cose da fare

27
DOMENICA

7

8

9

10

11

12

13

14

15

16

17

18

19

20

21

Settembre

L	M	M	G	V	S	D
	1	2	3	4	5	6
7	8	9	10	11	12	13
14	15	16	17	18	19	20
21	22	23	24	25	26	27
28	29	30				

27
DOMENICA

Note

Cose da fare

28
LUNEDÌ

7

8

9

10

11

12

13

14

15

16

17

18

19

20

21

		Settembre				
L	M	M	G	V	S	D
	1	2	3	4	5	6
7	8	9	10	11	12	13
14	15	16	17	18	19	20
21	22	23	24	25	26	27
28	29	30				

28
LUNEDÌ

Note

Cose da fare

29
MARTEDÌ

7

8

9

10

11

12

13

14

15

16

17

18

19

20

21

		Settembre				
L	M	M	G	V	S	D
	1	2	3	4	5	6
7	8	9	10	11	12	13
14	15	16	17	18	19	20
21	22	23	24	25	26	27
28	29	30				

29
MARTEDÌ

Note

Cose da fare

30
MERCOLEDÌ

7

8

9

10

11

12

13

14

15

16

17

18

19

20

21

Settembre

L	M	M	G	V	S	D
	1	2	3	4	5	6
7	8	9	10	11	12	13
14	15	16	17	18	19	20
21	22	23	24	25	26	27
28	29	30				

30
MERCOLEDÌ

Note

Cose da fare

1

GIOVEDÌ

7

8

9

10

11

12

13

14

15

16

17

18

19

20

21

Ottobre

L	M	M	G	V	S	D
			1	2	3	4
5	6	7	8	9	10	11
12	13	14	15	16	17	18
19	20	21	22	23	24	25
26	27	28	29	30	31	

1
GIOVEDÌ

Note

Cose da fare

2

VENERDÌ

7

8

9

10

11

12

13

14

15

16

17

18

19

20

21

Ottobre

L	M	M	G	V	S	D
			1	2	3	4
5	6	7	8	9	10	11
12	13	14	15	16	17	18
19	20	21	22	23	24	25
26	27	28	29	30	31	

2
VENERDÌ

Note

Cose da fare

3

SABATO

7

8

9

10

11

12

13

14

15

16

17

18

19

20

21

Ottobre

L	M	M	G	V	S	D
			1	2	3	4
5	6	7	8	9	10	11
12	13	14	15	16	17	18
19	20	21	22	23	24	25
26	27	28	29	30	31	

3
SABATO

Note

Cose da fare

4
DOMENICA

7

8

9

10

11

12

13

14

15

16

17

18

19

20

21

			Ottobre			
L	M	M	G	V	S	D
			1	2	3	4
5	6	7	8	9	10	11
12	13	14	15	16	17	18
19	20	21	22	23	24	25
26	27	28	29	30	31	

4
DOMENICA

Note

Cose da fare

5
LUNEDÌ

7

8

9

10

11

12

13

14

15

16

17

18

19

20

21

Ottobre

L	M	M	G	V	S	D
			1	2	3	4
5	6	7	8	9	10	11
12	13	14	15	16	17	18
19	20	21	22	23	24	25
26	27	28	29	30	31	

5
LUNEDÌ

Note

Cose da fare

LUNEDÌ

6
MARTEDÌ

7

8

9

10

11

12

13

14

15

16

17

18

19

20

21

Ottobre

L	M	M	G	V	S	D
			1	2	3	4
5	6	7	8	9	10	11
12	13	14	15	16	17	18
19	20	21	22	23	24	25
26	27	28	29	30	31	

OTTOBRE
Set. 41

6
MARTEDÌ

Note

Cose da fare

7

MERCOLEDÌ

7

8

9

10

11

12

13

14

15

16

17

18

19

20

21

Ottobre

L	M	M	G	V	S	D
			1	2	3	4
5	6	7	8	9	10	11
12	13	14	15	16	17	18
19	20	21	22	23	24	25
26	27	28	29	30	31	

7
MERCOLEDÌ

Note

Cose da fare

8

GIOVEDÌ

7

8

9

10

11

12

13

14

15

16

17

18

19

20

21

L	M	M	Ottobre G	V	S	D
			1	2	3	4
5	6	7	8	9	10	11
12	13	14	15	16	17	18
19	20	21	22	23	24	25
26	27	28	29	30	31	

8
GIOVEDÌ

Note

Cose da fare

9

VENERDÌ

7

8

9

10

11

12

13

14

15

16

17

18

19

20

21

			Ottobre			
L	M	M	G	V	S	D
			1	2	3	4
5	6	7	8	9	10	11
12	13	14	15	16	17	18
19	20	21	22	23	24	25
26	27	28	29	30	31	

9
VENERDÌ

Note

Cose da fare

10
SABATO

7

8

9

10

11

12

13

14

15

16

17

18

19

20

21

Ottobre						
L	M	M	G	V	S	D
			1	2	3	4
5	6	7	8	9	10	11
12	13	14	15	16	17	18
19	20	21	22	23	24	25
26	27	28	29	30	31	

10
SABATO

Note

Cose da fare

11

DOMENICA

7

8

9

10

11

12

13

14

15

16

17

18

19

20

21

Ottobre

L	M	M	G	V	S	D
			1	2	3	4
5	6	7	8	9	10	11
12	13	14	15	16	17	18
19	20	21	22	23	24	25
26	27	28	29	30	31	

11
DOMENICA

Note

Cose da fare

12
LUNEDÌ

7

8

9

10

11

12

13

14

15

16

17

18

19

20

21

	Ottobre					
L	M	M	G	V	S	D
			1	2	3	4
5	6	7	8	9	10	11
12	13	14	15	16	17	18
19	20	21	22	23	24	25
26	27	28	29	30	31	

12
LUNEDÌ

Note

Cose da fare

13
MARTEDÌ

7

8

9

10

11

12

13

14

15

16

17

18

19

20

21

Ottobre

L	M	M	G	V	S	D
			1	2	3	4
5	6	7	8	9	10	11
12	13	14	15	16	17	18
19	20	21	22	23	24	25
26	27	28	29	30	31	

13
MARTEDÌ

Note

Cose da fare

14
MERCOLEDÌ

7

8

9

10

11

12

13

14

15

16

17

18

19

20

21

			Ottobre			
L	M	M	G	V	S	D
			1	2	3	4
5	6	7	8	9	10	11
12	13	14	15	16	17	18
19	20	21	22	23	24	25
26	27	28	29	30	31	

14
MERCOLEDÌ

OTTOBRE
Set. 42

Note

Cose da fare

15
GIOVEDÌ

7

8

9

10

11

12

13

14

15

16

17

18

19

20

21

		Ottobre				
L	M	M	G	V	S	D
			1	2	3	4
5	6	7	8	9	10	11
12	13	14	15	16	17	18
19	20	21	22	23	24	25
26	27	28	29	30	31	

15
GIOVEDÌ

Note

Cose da fare

16
VENERDÌ

7

8

9

10

11

12

13

14

15

16

17

18

19

20

21

Ottobre

L	M	M	G	V	S	D
			1	2	3	4
5	6	7	8	9	10	11
12	13	14	15	16	17	18
19	20	21	22	23	24	25
26	27	28	29	30	31	

16
VENERDÌ

Note

Cose da fare

17

SABATO

7

8

9

10

11

12

13

14

15

16

17

18

19

20

21

Ottobre						
L	M	M	G	V	S	D
			1	2	3	4
5	6	7	8	9	10	11
12	13	14	15	16	17	18
19	20	21	22	23	24	25
26	27	28	29	30	31	

17
SABATO

Note

Cose da fare

18
DOMENICA

7

8

9

10

11

12

13

14

15

16

17

18

19

20

21

Ottobre						
L	M	M	G	V	S	D
			1	2	3	4
5	6	7	8	9	10	11
12	13	14	15	16	17	18
19	20	21	22	23	24	25
26	27	28	29	30	31	

18
DOMENICA

Note

Cose da fare

19
LUNEDÌ

7

8

9

10

11

12

13

14

15

16

17

18

19

20

21

Ottobre

L	M	M	G	V	S	D
			1	2	3	4
5	6	7	8	9	10	11
12	13	14	15	16	17	18
19	20	21	22	23	24	25
26	27	28	29	30	31	

19
LUNEDÌ

Note

Cose da fare

20
MARTEDÌ

7

8

9

10

11

12

13

14

15

16

17

18

19

20

21

L	M	M	Ottobre G	V	S	D
			1	2	3	4
5	6	7	8	9	10	11
12	13	14	15	16	17	18
19	20	21	22	23	24	25
26	27	28	29	30	31	

20
MARTEDÌ

Note

Cose da fare

21
MERCOLEDÌ

7

8

9

10

11

12

13

14

15

16

17

18

19

20

21

			Ottobre			
L	M	M	G	V	S	D
			1	2	3	4
5	6	7	8	9	10	11
12	13	14	15	16	17	18
19	20	21	22	23	24	25
26	27	28	29	30	31	

21
MERCOLEDÌ

Note

Cose da fare

22
GIOVEDÌ

7

8

9

10

11

12

13

14

15

16

17

18

19

20

21

Ottobre

L	M	M	G	V	S	D
			1	2	3	4
5	6	7	8	9	10	11
12	13	14	15	16	17	18
19	20	21	22	23	24	25
26	27	28	29	30	31	

22
GIOVEDÌ

Note

Cose da fare

23
VENERDÌ

7

8

9

10

11

12

13

14

15

16

17

18

19

20

21

Ottobre

L	M	M	G	V	S	D
			1	2	3	4
5	6	7	8	9	10	11
12	13	14	15	16	17	18
19	20	21	22	23	24	25
26	27	28	29	30	31	

23
VENERDÌ

OTTOBRE
Set. 43

Note

Cose da fare

24
SABATO

7

8

9

10

11

12

13

14

15

16

17

18

19

20

21

Ottobre

L	M	M	G	V	S	D
			1	2	3	4
5	6	7	8	9	10	11
12	13	14	15	16	17	18
19	20	21	22	23	24	25
26	27	28	29	30	31	

24
SABATO

Note

Cose da fare

25
DOMENICA

7

8

9

10

11

12

13

14

15

16

17

18

19

20

21

		Ottobre				
L	M	M	G	V	S	D
			1	2	3	4
5	6	7	8	9	10	11
12	13	14	15	16	17	18
19	20	21	22	23	24	25
26	27	28	29	30	31	

25
DOMENICA

Note

Cose da fare

26
LUNEDÌ

7

8

9

10

11

12

13

14

15

16

17

18

19

20

21

Ottobre

L	M	M	G	V	S	D
			1	2	3	4
5	6	7	8	9	10	11
12	13	14	15	16	17	18
19	20	21	22	23	24	25
26	27	28	29	30	31	

26
LUNEDÌ

OTTOBRE
Set. 44

Note

Cose da fare

27
MARTEDÌ

7

8

9

10

11

12

13

14

15

16

17

18

19

20

21

Ottobre						
L	M	M	G	V	S	D
			1	2	3	4
5	6	7	8	9	10	11
12	13	14	15	16	17	18
19	20	21	22	23	24	25
26	27	28	29	30	31	

27
MARTEDÌ

Note

Cose da fare

28
MERCOLEDÌ

7

8

9

10

11

12

13

14

15

16

17

18

19

20

21

Ottobre

L	M	M	G	V	S	D
			1	2	3	4
5	6	7	8	9	10	11
12	13	14	15	16	17	18
19	20	21	22	23	24	25
26	27	28	29	30	31	

28
MERCOLEDÌ

Note

Cose da fare

29
GIOVEDÌ

7

8

9

10

11

12

13

14

15

16

17

18

19

20

21

			Ottobre			
L	M	M	G	V	S	D
			1	2	3	4
5	6	7	8	9	10	11
12	13	14	15	16	17	18
19	20	21	22	23	24	25
26	27	28	29	30	31	

29
GIOVEDÌ

Note

Cose da fare

30
VENERDÌ

7

8

9

10

11

12

13

14

15

16

17

18

19

20

21

			Ottobre			
L	M	M	G	V	S	D
			1	2	3	4
5	6	7	8	9	10	11
12	13	14	15	16	17	18
19	20	21	22	23	24	25
26	27	28	29	30	31	

30
VENERDÌ

Note

Cose da fare

31
SABATO

7

8

9

10

11

12

13

14

15

16

17

18

19

20

21

Ottobre

L	M	M	G	V	S	D
			1	2	3	4
5	6	7	8	9	10	11
12	13	14	15	16	17	18
19	20	21	22	23	24	25
26	27	28	29	30	31	

31
SABATO

Note

Cose da fare

1

DOMENICA

7

8

9

10

11

12

13

14

15

16

17

18

19

20

21

Novembre						
L	M	M	G	V	S	D
						1
2	3	4	5	6	7	8
9	10	11	12	13	14	15
16	17	18	19	20	21	22
23	24	25	26	27	28	29
30						

1
DOMENICA

Note

Cose da fare

2
LUNEDÌ

7

8

9

10

11

12

13

14

15

16

17

18

19

20

21

Novembre

L	M	M	G	V	S	D
						1
2	3	4	5	6	7	8
9	10	11	12	13	14	15
16	17	18	19	20	21	22
23	24	25	26	27	28	29
30						

2
LUNEDÌ

Note

Cose da fare

3
MARTEDÌ

7

8

9

10

11

12

13

14

15

16

17

18

19

20

21

Novembre

L	M	M	G	V	S	D
						1
2	3	4	5	6	7	8
9	10	11	12	13	14	15
16	17	18	19	20	21	22
23	24	25	26	27	28	29
30						

3
MARTEDÌ

Note

Cose da fare

4

MERCOLEDÌ

7

8

9

10

11

12

13

14

15

16

17

18

19

20

21

Novembre

L	M	M	G	V	S	D
						1
2	3	4	5	6	7	8
9	10	11	12	13	14	15
16	17	18	19	20	21	22
23	24	25	26	27	28	29
30						

4
MERCOLEDÌ

Note

Cose da fare

5

GIOVEDÌ

7

8

9

10

11

12

13

14

15

16

17

18

19

20

21

Novembre

L	M	M	G	V	S	D
						1
2	3	4	5	6	7	8
9	10	11	12	13	14	15
16	17	18	19	20	21	22
23	24	25	26	27	28	29
30						

5
GIOVEDÌ

Note

Cose da fare

6

VENERDÌ

7

8

9

10

11

12

13

14

15

16

17

18

19

20

21

Novembre

L	M	M	G	V	S	D
						1
2	3	4	5	6	7	8
9	10	11	12	13	14	15
16	17	18	19	20	21	22
23	24	25	26	27	28	29
30						

6
VENERDÌ

Note

Cose da fare

7

SABATO

7

8

9

10

11

12

13

14

15

16

17

18

19

20

21

Novembre

L	M	M	G	V	S	D
						1
2	3	4	5	6	7	8
9	10	11	12	13	14	15
16	17	18	19	20	21	22
23	24	25	26	27	28	29
30						

7
SABATO

Note

Cose da fare

8
DOMENICA

7

8

9

10

11

12

13

14

15

16

17

18

19

20

21

Novembre						
L	M	M	G	V	S	D
						1
2	3	4	5	6	7	8
9	10	11	12	13	14	15
16	17	18	19	20	21	22
23	24	25	26	27	28	29
30						

8
DOMENICA

Note

Cose da fare

9
LUNEDÌ

7

8

9

10

11

12

13

14

15

16

17

18

19

20

21

Novembre

L	M	M	G	V	S	D
						1
2	3	4	5	6	7	8
9	10	11	12	13	14	15
16	17	18	19	20	21	22
23	24	25	26	27	28	29
30						

9
LUNEDÌ

Note

Cose da fare

10
MARTEDÌ

7

8

9

10

11

12

13

14

15

16

17

18

19

20

21

Novembre

L	M	M	G	V	S	D
						1
2	3	4	5	6	7	8
9	10	11	12	13	14	15
16	17	18	19	20	21	22
23	24	25	26	27	28	29
30						

10
MARTEDÌ

Note

Cose da fare

11

MERCOLEDÌ

7

8

9

10

11

12

13

14

15

16

17

18

19

20

21

Novembre

L	M	M	G	V	S	D
						1
2	3	4	5	6	7	8
9	10	11	12	13	14	15
16	17	18	19	20	21	22
23	24	25	26	27	28	29
30						

11
MERCOLEDÌ

Note

Cose da fare

12
GIOVEDÌ

7

8

9

10

11

12

13

14

15

16

17

18

19

20

21

Novembre

L	M	M	G	V	S	D
						1
2	3	4	5	6	7	8
9	10	11	12	13	14	15
16	17	18	19	20	21	22
23	24	25	26	27	28	29
30						

12
GIOVEDÌ

Note

Cose da fare

13
VENERDÌ

7

8

9

10

11

12

13

14

15

16

17

18

19

20

21

Novembre

L	M	M	G	V	S	D
						1
2	3	4	5	6	7	8
9	10	11	12	13	14	15
16	17	18	19	20	21	22
23	24	25	26	27	28	29
30						

13
VENERDÌ

Note

Cose da fare

14
SABATO

7

8

9

10

11

12

13

14

15

16

17

18

19

20

21

Novembre

L	M	M	G	V	S	D
						1
2	3	4	5	6	7	8
9	10	11	12	13	14	15
16	17	18	19	20	21	22
23	24	25	26	27	28	29
30						

14
SABATO

Note

Cose da fare

15
DOMENICA

7

8

9

10

11

12

13

14

15

16

17

18

19

20

21

		Novembre				
L	M	M	G	V	S	D
						1
2	3	4	5	6	7	8
9	10	11	12	13	14	15
16	17	18	19	20	21	22
23	24	25	26	27	28	29
30						

15
DOMENICA

Note

Cose da fare

16
LUNEDÌ

7

8

9

10

11

12

13

14

15

16

17

18

19

20

21

Novembre

L	M	M	G	V	S	D
						1
2	3	4	5	6	7	8
9	10	11	12	13	14	15
16	17	18	19	20	21	22
23	24	25	26	27	28	29
30						

16
LUNEDÌ

Note

Cose da fare

17
MARTEDÌ

7

8

9

10

11

12

13

14

15

16

17

18

19

20

21

Novembre						
L	M	M	G	V	S	D
						1
2	3	4	5	6	7	8
9	10	11	12	13	14	15
16	17	18	19	20	21	22
23	24	25	26	27	28	29
30						

17
MARTEDÌ

Note

Cose da fare

18
MERCOLEDÌ

7

8

9

10

11

12

13

14

15

16

17

18

19

20

21

Novembre

L	M	M	G	V	S	D
						1
2	3	4	5	6	7	8
9	10	11	12	13	14	15
16	17	18	19	20	21	22
23	24	25	26	27	28	29
30						

18
MERCOLEDÌ

Note

Cose da fare

19
GIOVEDÌ

7

8

9

10

11

12

13

14

15

16

17

18

19

20

21

Novembre

L	M	M	G	V	S	D
						1
2	3	4	5	6	7	8
9	10	11	12	13	14	15
16	17	18	19	20	21	22
23	24	25	26	27	28	29
30						

19
GIOVEDÌ

Note

Cose da fare

20
VENERDÌ

7

8

9

10

11

12

13

14

15

16

17

18

19

20

21

Novembre

L	M	M	G	V	S	D
						1
2	3	4	5	6	7	8
9	10	11	12	13	14	15
16	17	18	19	20	21	22
23	24	25	26	27	28	29
30						

20
VENERDÌ

Note

Cose da fare

21
SABATO

7

8

9

10

11

12

13

14

15

16

17

18

19

20

21

		Novembre				
L	M	M	G	V	S	D
						1
2	3	4	5	6	7	8
9	10	11	12	13	14	15
16	17	18	19	20	21	22
23	24	25	26	27	28	29
30						

21
SABATO

Note

Cose da fare

22
DOMENICA

7

8

9

10

11

12

13

14

15

16

17

18

19

20

21

Novembre

L	M	M	G	V	S	D
						1
2	3	4	5	6	7	8
9	10	11	12	13	14	15
16	17	18	19	20	21	22
23	24	25	26	27	28	29
30						

22
DOMENICA

Note

Cose da fare

23
LUNEDÌ

7

8

9

10

11

12

13

14

15

16

17

18

19

20

21

		Novembre				
L	M	M	G	V	S	D
						1
2	3	4	5	6	7	8
9	10	11	12	13	14	15
16	17	18	19	20	21	22
23	24	25	26	27	28	29
30						

23
LUNEDÌ

Note

Cose da fare

24
MARTEDÌ

7

8

9

10

11

12

13

14

15

16

17

18

19

20

21

Novembre

L	M	M	G	V	S	D
						1
2	3	4	5	6	7	8
9	10	11	12	13	14	15
16	17	18	19	20	21	22
23	24	25	26	27	28	29
30						

24
MARTEDÌ

Note

Cose da fare

25
MERCOLEDÌ

7

8

9

10

11

12

13

14

15

16

17

18

19

20

21

Novembre

L	M	M	G	V	S	D
						1
2	3	4	5	6	7	8
9	10	11	12	13	14	15
16	17	18	19	20	21	22
23	24	25	26	27	28	29
30						

25
MERCOLEDÌ

Note

Cose da fare

26
GIOVEDÌ

7

8

9

10

11

12

13

14

15

16

17

18

19

20

21

Novembre

L	M	M	G	V	S	D
						1
2	3	4	5	6	7	8
9	10	11	12	13	14	15
16	17	18	19	20	21	22
23	24	25	26	27	28	29
30						

26
GIOVEDÌ

Note

Cose da fare

27
VENERDÌ

7

8

9

10

11

12

13

14

15

16

17

18

19

20

21

Novembre

L	M	M	G	V	S	D
						1
2	3	4	5	6	7	8
9	10	11	12	13	14	15
16	17	18	19	20	21	22
23	24	25	26	27	28	29
30						

27
VENERDÌ

Note

Cose da fare

28
SABATO

7

8

9

10

11

12

13

14

15

16

17

18

19

20

21

Novembre

L	M	M	G	V	S	D
						1
2	3	4	5	6	7	8
9	10	11	12	13	14	15
16	17	18	19	20	21	22
23	24	25	26	27	28	29
30						

28
SABATO

Note

Cose da fare

29
DOMENICA

7

8

9

10

11

12

13

14

15

16

17

18

19

20

21

Novembre

L	M	M	G	V	S	D
						1
2	3	4	5	6	7	8
9	10	11	12	13	14	15
16	17	18	19	20	21	22
23	24	25	26	27	28	29
30						

29
DOMENICA

Note

Cose da fare

30
LUNEDÌ

7

8

9

10

11

12

13

14

15

16

17

18

19

20

21

Novembre

L	M	M	G	V	S	D
						1
2	3	4	5	6	7	8
9	10	11	12	13	14	15
16	17	18	19	20	21	22
23	24	25	26	27	28	29
30						

30
LUNEDÌ

Note

Cose da fare

1

MARTEDÌ

7

8

9

10

11

12

13

14

15

16

17

18

19

20

21

Dicembre

L	M	M	G	V	S	D
	1	2	3	4	5	6
7	8	9	10	11	12	13
14	15	16	17	18	19	20
21	22	23	24	25	26	27
28	29	30	31			

1
MARTEDÌ

Note

Cose da fare

MARTEDÌ

2
MERCOLEDÌ

7

8

9

10

11

12

13

14

15

16

17

18

19

20

21

Dicembre

L	M	M	G	V	S	D
	1	2	3	4	5	6
7	8	9	10	11	12	13
14	15	16	17	18	19	20
21	22	23	24	25	26	27
28	29	30	31			

2
MERCOLEDÌ

Note

Cose da fare

3
GIOVEDÌ

7

8

9

10

11

12

13

14

15

16

17

18

19

20

21

Dicembre

L	M	M	G	V	S	D
	1	2	3	4	5	6
7	8	9	10	11	12	13
14	15	16	17	18	19	20
21	22	23	24	25	26	27
28	29	30	31			

3
GIOVEDÌ

Note

Cose da fare

4

VENERDÌ

7

8

9

10

11

12

13

14

15

16

17

18

19

20

21

Dicembre

L	M	M	G	V	S	D
	1	2	3	4	5	6
7	8	9	10	11	12	13
14	15	16	17	18	19	20
21	22	23	24	25	26	27
28	29	30	31			

4
VENERDÌ

Note

Cose da fare

5
SABATO

7

8

9

10

11

12

13

14

15

16

17

18

19

20

21

		Dicembre				
L	M	M	G	V	S	D
	1	2	3	4	5	6
7	8	9	10	11	12	13
14	15	16	17	18	19	20
21	22	23	24	25	26	27
28	29	30	31			

5
SABATO

Note

Cose da fare

6
DOMENICA

7

8

9

10

11

12

13

14

15

16

17

18

19

20

21

Dicembre

L	M	M	G	V	S	D
	1	2	3	4	5	6
7	8	9	10	11	12	13
14	15	16	17	18	19	20
21	22	23	24	25	26	27
28	29	30	31			

6
DOMENICA

Note

Cose da fare

7

LUNEDÌ

7

8

9

10

11

12

13

14

15

16

17

18

19

20

21

Dicembre

L	M	M	G	V	S	D
	1	2	3	4	5	6
7	8	9	10	11	12	13
14	15	16	17	18	19	20
21	22	23	24	25	26	27
28	29	30	31			

7
LUNEDÌ

DICEMBRE
Set. 50

Note

Cose da fare

LUNEDÌ

8
MARTEDÌ

7

8

9

10

11

12

13

14

15

16

17

18

19

20

21

Dicembre

L	M	M	G	V	S	D
		1	2	3	4	5	6
7	8	9	10	11	12	13
14	15	16	17	18	19	20
21	22	23	24	25	26	27
28	29	30	31			

8
MARTEDÌ

Note

Cose da fare

9

MERCOLEDÌ

7

8

9

10

11

12

13

14

15

16

17

18

19

20

21

			Dicembre			
L	M	M	G	V	S	D
	1	2	3	4	5	6
7	8	9	10	11	12	13
14	15	16	17	18	19	20
21	22	23	24	25	26	27
28	29	30	31			

9
MERCOLEDÌ

Note

Cose da fare

10
GIOVEDÌ

7

8

9

10

11

12

13

14

15

16

17

18

19

20

21

Dicembre

L	M	M	G	V	S	D
	1	2	3	4	5	6
7	8	9	10	11	12	13
14	15	16	17	18	19	20
21	22	23	24	25	26	27
28	29	30	31			

10
GIOVEDÌ

Note

Cose da fare

11
VENERDÌ

7

8

9

10

11

12

13

14

15

16

17

18

19

20

21

Dicembre

L	M	M	G	V	S	D
	1	2	3	4	5	6
7	8	9	10	11	12	13
14	15	16	17	18	19	20
21	22	23	24	25	26	27
28	29	30	31			

11
VENERDÌ

Note

Cose da fare

VENERDÌ

12
SABATO

7

8

9

10

11

12

13

14

15

16

17

18

19

20

21

Dicembre						
L	M	M	G	V	S	D
	1	2	3	4	5	6
7	8	9	10	11	12	13
14	15	16	17	18	19	20
21	22	23	24	25	26	27
28	29	30	31			

12
SABATO

Note

Cose da fare

13
DOMENICA

7

8

9

10

11

12

13

14

15

16

17

18

19

20

21

Dicembre

L	M	M	G	V	S	D
	1	2	3	4	5	6
7	8	9	10	11	12	13
14	15	16	17	18	19	20
21	22	23	24	25	26	27
28	29	30	31			

13
DOMENICA

Note

Cose da fare

14
LUNEDÌ

7

8

9

10

11

12

13

14

15

16

17

18

19

20

21

		Dicembre				
L	M	M	G	V	S	D
	1	2	3	4	5	6
7	8	9	10	11	12	13
14	15	16	17	18	19	20
21	22	23	24	25	26	27
28	29	30	31			

14
LUNEDÌ

Note

Cose da fare

15
MARTEDÌ

7

8

9

10

11

12

13

14

15

16

17

18

19

20

21

Dicembre

L	M	M	G	V	S	D
	1	2	3	4	5	6
7	8	9	10	11	12	13
14	15	16	17	18	19	20
21	22	23	24	25	26	27
28	29	30	31			

15
MARTEDÌ

Note

Cose da fare

16
MERCOLEDÌ

7

8

9

10

11

12

13

14

15

16

17

18

19

20

21

Dicembre						
L	M	M	G	V	S	D
	1	2	3	4	5	6
7	8	9	10	11	12	13
14	15	16	17	18	19	20
21	22	23	24	25	26	27
28	29	30	31			

16
MERCOLEDÌ

Note

Cose da fare

17
GIOVEDÌ

7

8

9

10

11

12

13

14

15

16

17

18

19

20

21

		Dicembre				
L	M	M	G	V	S	D
	1	2	3	4	5	6
7	8	9	10	11	12	13
14	15	16	17	18	19	20
21	22	23	24	25	26	27
28	29	30	31			

17
GIOVEDÌ

Note

Cose da fare

18
VENERDÌ

7

8

9

10

11

12

13

14

15

16

17

18

19

20

21

		Dicembre				
L	M	M	G	V	S	D
	1	2	3	4	5	6
7	8	9	10	11	12	13
14	15	16	17	18	19	20
21	22	23	24	25	26	27
28	29	30	31			

18
VENERDÌ

DICEMBRE
Set. 51

Note

Cose da fare

19
SABATO

7

8

9

10

11

12

13

14

15

16

17

18

19

20

21

Dicembre

L	M	M	G	V	S	D
	1	2	3	4	5	6
7	8	9	10	11	12	13
14	15	16	17	18	19	20
21	22	23	24	25	26	27
28	29	30	31			

19
SABATO

Note

Cose da fare

20
DOMENICA

7

8

9

10

11

12

13

14

15

16

17

18

19

20

21

Dicembre

L	M	M	G	V	S	D
	1	2	3	4	5	6
7	8	9	10	11	12	13
14	15	16	17	18	19	20
21	22	23	24	25	26	27
28	29	30	31			

20
DOMENICA

Note

Cose da fare

21
LUNEDÌ

7

8

9

10

11

12

13

14

15

16

17

18

19

20

21

		Dicembre				
L	M	M	G	V	S	D
	1	2	3	4	5	6
7	8	9	10	11	12	13
14	15	16	17	18	19	20
21	22	23	24	25	26	27
28	29	30	31			

21
LUNEDÌ

Note

Cose da fare

22
MARTEDÌ

7

8

9

10

11

12

13

14

15

16

17

18

19

20

21

		Dicembre				
L	M	M	G	V	S	D
	1	2	3	4	5	6
7	8	9	10	11	12	13
14	15	16	17	18	19	20
21	22	23	24	25	26	27
28	29	30	31			

22
MARTEDÌ

Note

Cose da fare

23
MERCOLEDÌ

7

8

9

10

11

12

13

14

15

16

17

18

19

20

21

		Dicembre				
L	M	M	G	V	S	D
	1	2	3	4	5	6
7	8	9	10	11	12	13
14	15	16	17	18	19	20
21	22	23	24	25	26	27
28	29	30	31			

23
MERCOLEDÌ

Note

Cose da fare

24
GIOVEDÌ

7

8

9

10

11

12

13

14

15

16

17

18

19

20

21

Dicembre

L	M	M	G	V	S	D
	1	2	3	4	5	6
7	8	9	10	11	12	13
14	15	16	17	18	19	20
21	22	23	24	25	26	27
28	29	30	31			

24
GIOVEDÌ

Note

Cose da fare

25
VENERDÌ

7

8

9

10

11

12

13

14

15

16

17

18

19

20

21

Dicembre

L	M	M	G	V	S	D
	1	2	3	4	5	6
7	8	9	10	11	12	13
14	15	16	17	18	19	20
21	22	23	24	25	26	27
28	29	30	31			

25
VENERDÌ

Note

Cose da fare

26
SABATO

7

8

9

10

11

12

13

14

15

16

17

18

19

20

21

Dicembre

L	M	M	G	V	S	D
	1	2	3	4	5	6
7	8	9	10	11	12	13
14	15	16	17	18	19	20
21	22	23	24	25	26	27
28	29	30	31			

26
SABATO

Note

Cose da fare

27
DOMENICA

7

8

9

10

11

12

13

14

15

16

17

18

19

20

21

Dicembre

L	M	M	G	V	S	D
	1	2	3	4	5	6
7	8	9	10	11	12	13
14	15	16	17	18	19	20
21	22	23	24	25	26	27
28	29	30	31			

27
DOMENICA

Note

Cose da fare

28
LUNEDÌ

7

8

9

10

11

12

13

14

15

16

17

18

19

20

21

Dicembre

L	M	M	G	V	S	D
	1	2	3	4	5	6
7	8	9	10	11	12	13
14	15	16	17	18	19	20
21	22	23	24	25	26	27
28	29	30	31			

28
LUNEDÌ

Note

Cose da fare

29
MARTEDÌ

7

8

9

10

11

12

13

14

15

16

17

18

19

20

21

Dicembre
L	M	M	G	V	S	D
	1	2	3	4	5	6
7	8	9	10	11	12	13
14	15	16	17	18	19	20
21	22	23	24	25	26	27
28	29	30	31			

29
MARTEDÌ

Note

Cose da fare

30
MERCOLEDÌ

7

8

9

10

11

12

13

14

15

16

17

18

19

20

21

		Dicembre				
L	M	M	G	V	S	D
	1	2	3	4	5	6
7	8	9	10	11	12	13
14	15	16	17	18	19	20
21	22	23	24	25	26	27
28	29	30	31			

30
MERCOLEDÌ

Note

Cose da fare

31
GIOVEDÌ

7

8

9

10

11

12

13

14

15

16

17

18

19

20

21

Dicembre						
L	M	M	G	V	S	D
	1	2	3	4	5	6
7	8	9	10	11	12	13
14	15	16	17	18	19	20
21	22	23	24	25	26	27
28	29	30	31			

31
GIOVEDÌ

Note

Cose da fare

LUNEDÌ	MARTEDÌ	MERCOLEDÌ	GIOVEDÌ
30	31	1	2
6	7	8	9
13	14	15	16
20	21	22	23
27	28	29	30

GENNAIO

VENERDÌ	SABATO	DOMENICA
3	4	5
10	11	12
17	18	19
24	25	26
31	1	2

LUNEDÌ	MARTEDÌ	MERCOLEDÌ	GIOVEDÌ
27	28	29	30
3	4	5	6
10	11	12	13
17	18	19	20
24	25	26	27

FEBBRAIO

VENERDÌ	SABATO	DOMENICA
31	1	2
7	8	9
14	15	16
21	22	23
28	29	

LUNEDÌ	MARTEDÌ	MERCOLEDÌ	GIOVEDÌ
24	25	26	27
2	3	4	5
9	10	11	12
16	17	18	19
23	24	25	26
30	31		

MARZO

VENERDÌ	SABATO	DOMENICA
28	29	1
6	7	8
13	14	15
20	21	22
27	28	29

LUNEDÌ	MARTEDÌ	MERCOLEDÌ	GIOVEDÌ
30	31	1	2
6	7	8	9
13	14	15	16
20	21	22	23
27	28	29	30

APRILE

VENERDÌ	SABATO	DOMENICA
3	4	5
10	11	12
17	18	19
24	25	26
1	2	3

LUNEDÌ	MARTEDÌ	MERCOLEDÌ	GIOVEDÌ
27	28	29	30
4	5	6	7
11	12	13	14
18	19	20	21
25	26	27	28

MAGGIO

VENERDÌ	SABATO	DOMENICA
1	2	3
8	9	10
15	16	17
22	23	24
29	30	31

LUNEDÌ	MARTEDÌ	MERCOLEDÌ	GIOVEDÌ
1	2	3	4
8	9	10	11
15	16	17	18
22	23	24	25
29	30	1	2

GIUGNO

VENERDÌ	SABATO	DOMENICA
5	6	7
12	13	14
19	20	21
26	27	28
3	4	5

LUNEDÌ	MARTEDÌ	MERCOLEDÌ	GIOVEDÌ
29	30	1	2
6	7	8	9
13	14	15	16
20	21	22	23
27	28	29	30

LUGLIO

VENERDÌ	SABATO	DOMENICA
3	4	5
10	11	12
17	18	19
24	25	26
31	1	2

LUNEDÌ	MARTEDÌ	MERCOLEDÌ	GIOVEDÌ
27	28	29	30
3	4	5	6
10	11	12	13
17	18	19	20
24 / 31	25	26	27

AGOSTO

VENERDÌ	SABATO	DOMENICA
31	1	2
7	8	9
14	15	16
21	22	23
28	29	30

LUNEDÌ	MARTEDÌ	MERCOLEDÌ	GIOVEDÌ
31	1	2	3
7	8	9	10
14	15	16	17
21	22	23	24
28	29	30	

SETTEMBRE

VENERDÌ	SABATO	DOMENICA
4	5	6
11	12	13
18	19	20
25	26	27
2	3	4

_____
_____
_____
_____
_____
_____
_____
_____
_____
_____
_____
_____
_____
_____
_____
_____
_____
_____
_____
_____
_____
_____
_____
_____
_____
_____
_____
_____
_____
_____
_____
_____
_____
_____
_____
_____
_____
_____

LUNEDÌ	MARTEDÌ	MERCOLEDÌ	GIOVEDÌ
28	29	30	1
5	6	7	8
12	13	14	15
19	20	21	22
26	27	28	29

OTTOBRE

VENERDÌ	SABATO	DOMENICA
2	3	4
9	10	11
16	17	18
23	24	25
30	31	

LUNEDÌ	MARTEDÌ	MERCOLEDÌ	GIOVEDÌ
26	27	28	29
2	3	4	5
9	10	11	12
16	17	18	19
23	24	25	26
30			

NOVEMBRE

VENERDÌ	SABATO	DOMENICA
30	31	1
6	7	8
13	14	15
20	21	22
27	28	29

LUNEDÌ	MARTEDÌ	MERCOLEDÌ	GIOVEDÌ
30	1	2	3
7	8	9	10
14	15	16	17
21	22	23	24
28	29	30	31

DICEMBRE

VENERDÌ	SABATO	DOMENICA
4	5	6
11	12	13
18	19	20
25	26	27
1	2	3

🕐	LUN	MAR	MER	GIO	VEN	SAB	DOM

_____

_____

_____

_____

_____

ORARIO SETTIMANALE

🕐	LUN	MAR	MER	GIO	VEN	SAB	DOM

_____

_____

_____

_____

_____

NOTE

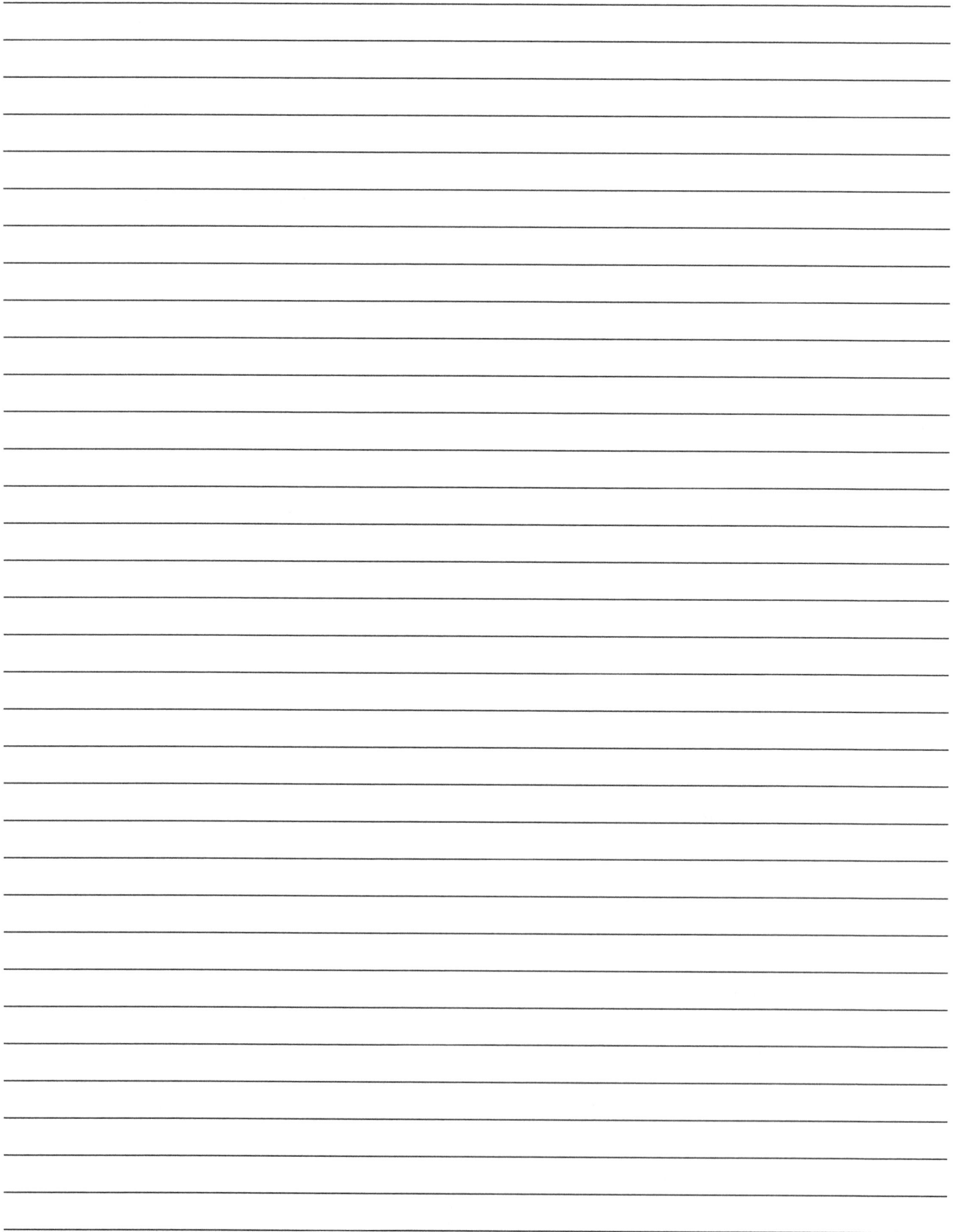

NOTE

👤 _____

📞 _____

@ _____

👤 _____

📞 _____

@ _____

👤 _____

📞 _____

@ _____

👤 _____

📞 _____

@ _____

👤 _____

📞 _____

@ _____

👤 _____

📞 _____

@ _____

👤 _____

📞 _____

@ _____

👤 _____

📞 _____

@ _____

_____

_____

👤 _____

📞 _____

@ _____

👤 _____

📞 _____

@ _____

👤 _____

📞 _____

@ _____

👤 _____

📞 _____

@ _____

👤 _____

📞 _____

@ _____

👤 _____

📞 _____

@ _____

👤 _____

📞 _____

@ _____

👤 _____

📞 _____

@ _____

_____

_____

RUBRICA

👤 _____

📞 _____

@ _____

👤 _____

📞 _____

@ _____

👤 _____

📞 _____

@ _____

👤 _____

📞 _____

@ _____

👤 _____

📞 _____

@ _____

👤 _____

📞 _____

@ _____

👤 _____

📞 _____

@ _____

👤 _____

📞 _____

@ _____

_____

_____

👤 _____

📞 _____

@ _____

👤 _____

📞 _____

@ _____

👤 _____

📞 _____

@ _____

👤 _____

📞 _____

@ _____

👤 _____

📞 _____

@ _____

👤 _____

📞 _____

@ _____

👤 _____

📞 _____

@ _____

👤 _____

📞 _____

@ _____

_____

_____

👤 _____

📞 _____

@ _____

👤 _____

📞 _____

@ _____

👤 _____

📞 _____

@ _____

👤 _____

📞 _____

@ _____

👤 _____

📞 _____

@ _____

👤 _____

📞 _____

@ _____

👤 _____

📞 _____

@ _____

👤 _____

📞 _____

@ _____

GIORNI FESTIVI

	2020	2021
Capodanno	Mercoledì 1 gennaio	Venerdì 1 gennaio
Epifania	Lunedì 6 gennaio	Mercoledì 6 gennaio
Pasqua e Pasquetta	Domenica 12 e lunedì 13 aprile	Domenica 4 e lunedì 5 aprile
Festa della Liberazione	Sabato 25 aprile	Domenica 25 aprile
Festa del Lavoro	Venerdì 1 maggio	Sabato 1 maggio
Festa della Repubblica	Martedì 2 giugno	Mercoledì 2 giugno
Ferragosto	Sabato 15 agosto	Domenica 15 agosto
Tutti i Santi	Domenica 1 novembre	Lunedì 1 novembre
Immacolata Concezione	Martedì 8 dicembre	Mercoledì 8 dicembre
Natale	Venerdì 25 dicembre	Sabato 25 dicembre
Santo Stefano	Sabato 26 dicembre	Domenica 26 dicembre

www.ingramcontent.com/pod-product-compliance
Lightning Source LLC
Chambersburg PA
CBHW081438190326
41458CB00020B/6233